SENTIMENTALES, OFENDIDOS
MEDIOCRES Y AGRESIVOS

JUAN CARLOS GIRAUTA

Sentimentales, ofendidos, mediocres y agresivos

Radiografía de la nueva sociedad

SEKOTIA

© Juan Carlos Girauta, 2022
© a la edición Editorial Almuzara, S.L., 2022

WWW.SEKOTIA.COM
Primera edición: junio de 2022

COLECCIÓN REFLEJOS DE ACTUALIDAD

Editor: HUMBERTO PÉREZ-TOMÉ ROMÁN
Maquetación: FERNANDO DE MIGUEL

Imprime: Romanyà Valls
ISBN: 978-84-18414-39-8
Depósito legal: CO-742-2022

Hecho e impreso en España-*Made and printed in Spain*

A las almas libres

Toledo, abril de 2022

Estimado joven:

Es posible que el 24 de febrero próximo pasado, al saber que Rusia había iniciado la invasión de Ucrania, tuvieras la sensación de que todo a tu alrededor se tambaleaba. Y en efecto, así era, pero también empezaron a moverse inopinadamente tu visión del mundo y tus prioridades. Había reaparecido en escena una vieja aguafiestas: la realidad. Regresaba con su saco de restricciones después de haber sido obviada durante el período entero que comprende tu vida. ¿Qué la obviaba? Una enorme burbuja cultural de la que aún formas parte. Sé que habrás notado la conmoción. Desengáñate, no se trató de un leve seísmo que, una vez superado, vaya a devolver el mundo que conoces a su estado anterior.

La edad no te ha permitido adentrarte a fondo en la historia del siglo xx, el de los totalitarismos y las guerras devastadoras. También, en su segunda mitad, el de la gradual construcción de una isla artificial del tamaño de Europa. El que nos llevó a dar por descontado que la democracia liberal salía gratis, coste cero, que se la podía zumbar sin peligro y, como un tentetieso, regresaría siempre a su posición erguida. El siglo, en fin, que se despidió dejándonos la ilusión de un Occidente triunfante: *El fin de la historia* en el sentido hegeliano que le dio Francis Fukuyama.

Solo que, llegado el nuevo milenio, el Occidente triunfante se desentendió de la naturaleza humana. Olvidó que potencias nucleares seguían utilizando las gafas de la geopolítica. De los costes de la libertad no guardaba memoria. Se lanzó a derrochar los réditos de su victoria permitiendo que intrusivos gigantes corporativos traficaran con los remordimientos, las presunciones, las vergüenzas o los afectos individuales, multiplicados por miles de millones de almas. En ese inconcebible laboratorio, bajo las condiciones de estudio establecidas por formidables ingenieros sociales, vive tu generación. Una generación, siento decírtelo, sentimental, siempre ofendida por su extrema susceptibilidad, agresiva. Conocí de joven, con otros fundamentos y otras causas, esa cadena de defectos. Sin embargo, a mi generación no la empujaron a la mediocridad las instituciones académicas, los grandes medios de comunicación, la industria del entretenimiento ni unos emporios tecnológicos que no existían.

A poco rigor intelectual que apliques, notarás en los tiempos que vienen una dificultad creciente a la hora de distribuir culpas. Nunca te las has visto con algo semejante. Asimismo, te incomodará descubrir cómo los problemas que han concentrado tus preocupaciones, miembro comprometido de la sociedad, van pasando a un segundo plano, desplazados por los imperativos que vierte sobre nuestras cabezas el chaparrón de realismo. Hacía mucho que no llovía.

Guerra en Europa, invasión con bombardeo y destrucción de ciudades iguales que las nuestras. Acaso las primeras reacciones de ciertos personajes de relumbrón, como el exsecretario de Estado de los EE. UU., John Kerry, o el vicepresidente de la Comisión Europea, Frans Timmermans, aliviaran un poco tu estrés cuando se empeñaron en anclar el debate público —pese al ambiente bélico, pese a la quiebra del orden mundial— a la cuestión del cambio climático y sus emergencias. Que acabes de alcanzar la mayoría de edad no significa que te chupes el dedo; a despecho del efecto balsámico que siempre nos procura lo familiar y reconocible, sospechaste que introducir en aquel contexto la cuestión del clima, a la que tanta indignación has dedicado, podía resultar inadecuado.

Por mucho que te hubieras hecho a la burbuja, por potente que fuera la anestesia colectiva, tu recién desperezado sentido de realidad fue superior al de individuos que habían ostentado o seguían ostentando cargos que conllevan graves responsabilidades. De acuerdo, no era el sentido de realidad que se abre paso por vías racionales, esas las tienes algo taponadas. Era, por así decir, una intuición de lo real que se hacía presente por primera vez en tu ser social. Así que, aun ayuno de herramientas analíticas, no te mantuviste indiferente ni pensaste, como antes de ayer, que cerrando los ojos los peligros desaparecerían. No te sorprenda que te conozca tan bien. ¿Cómo iba si no a dedicarte una carta tan larga?

Siéntete personalmente interpelado, pues a ti en concreto me dirijo. Es una afirmación difícil de creer, lo comprendo, pero es verdadera. No te dejes engañar por el formato de mi carta, no sé con cuál te alcanzará. Desearía que no hubiera alteraciones, que abrieras el grueso sobre donde aparece tu nombre como destinatario, escrito a mano. Que extrajeras estas mismas hojas sobre las que me fatigo. Pero no es imposible que las hojas sean otras, lleguen cosidas o pegadas, la letra sea de imprenta y consten notas al pie. O que me estés leyendo en una pantalla.

Pese a tu sensación de eternidad (¡oh, qué bien la he conocido!), no hay tiempo que perder. Da por bueno que eres mi exclusivo receptor y sigue adelante. Comprende cuanto antes que las interpretaciones literales nos alejan de casi todo lo que vale la pena. La verdad nunca está ahí. Fuera de los pósits en la nevera, lo literal es un camino hacia la nada.

He comprobado en los últimos años cómo este problema devenía una auténtica epidemia que no ha respetado edad ni condición. El literalismo es uno de los más lamentables estragos entre los muchos que han provocado las redes sociales (junto a algunos discretos beneficios). Intenta, por el bien de tu inteligencia y de tu agudeza perceptiva, no contagiarte hasta lo irreversible. He visto a gente valiosa malograr un futuro prometedor por atarse a los significados estrictos. Una desgracia no muy diferente a la de quedarse horas y horas con la vista fija en una mancha de la pared. Atente a las interpretaciones propias y elevadas; las que amplían los significantes más allá de lo que soñó el emisor, el escritor, el remitente. Así enriquecen lo escrito los lectores merecedores de tal nombre.

Tranquilo, una predisposición innata te inclinará pronto a formar criterios originales sobre cada asunto de interés. Cuando suceda, las ideas de otros no se te trasplantarán sin más, sino que darán pie a las tuyas, contribuirán a tu individuación, a la figura que vas a esculpir. ¿O pretendes ir por el mundo dejando caer citas ajenas? Ya citarás con fundamento y contexto justificado cuando escribas ensayos. Sí, escribirás ensayos. Por eso no te puedes habituar a la baratura de soltar frasecitas memorizadas en las conversaciones o en los debates. Eso cualquiera puede hacerlo. Avanza solo y evita en lo posible los argumentos de autoridad, que te deprecian cuando la autoridad no eres tú, y para eso falta mucho. De paso, aplacarás el infierno de voces simultáneas con que las tecnologías de la información te ensordecen. Elude los coros.

O bien déjate manipular. Eres muy libre. Persigo tu reflexión, no tu adhesión. Preferiré mil veces un rechazo razonado a una comunión incondicional. No vengo con argumentarios, propaganda ni consignas. Al contrario. Fíjate cómo las causas que se tratan en el ágora, cualesquiera que sean, se defienden con vehemencia y convicción decrecientes cuanto más exigen de fórmulas inamovibles, de razonamientos prefabricados, de ecos ajenos, fragmentarios, lejanos y muertos.

Seré claro: me inmiscuyo en tu vida de forma algo abrupta porque no quiero que desperdicies una parte de ella. Intención tan sencilla como ambiciosa. «Pretenciosa más bien», cabe que receles, «nadie ha requerido tu ayuda». Además, continuarás con toda lógica, ¿qué significa desperdiciar la vida? ¿Quién es capaz de dictaminar con certeza que otro hombre está haciendo tal cosa? ¿Acaso no puede habitar en alguno de los infinitos pliegues del alma humana, agazapado, el sentido de un destino plenamente justificado que, sin embargo, solo uno mismo entiende? Una persona más, a lo sumo. Quizá lo conozca también la amada, el amado; acaso tu destino lo demande un hijo que tuerce tu porvenir y, en su favor, todo lo que previste queda postergado o sacrificado, pues nada hay más propio de ti que él. Si esa era al final tu suerte, ¿qué has desperdiciado? Nada. Has cumplido contigo y con otro. Alguien cercano que se merecían cuanto estaba en tu mano, y más. Tu vida incluso.

Sí. Sin duda. Esas cosas suceden. Sin embargo, debo insistir. Esto es solo una carta, léela y haz luego lo que quieras. No me resigno a la pasividad cuando me consta que vas a malograr una parte de tu talento. Hay que ejercitar algunas dotes que podrían ser sagradas. Echando mano de antiguas categorías, busco que la potencia virtuosa se convierta en acto. Empiezo por instarte a no imitar al grupo y a no sobreactuar. Simulas emociones porque crees que otros, a quienes nada debes, las esperan. Con ello, en primer lugar, te rebajas. En segundo lugar, nadie espera nada. Eres tú quien busca el abrigo del grupo real o virtual, la pertenencia a la tribu por la vía rápida, cuando te muestras indignado sin estarlo.

Pronto acabas, por supuesto, indignado de verdad. Entre la falsificación sentimental y el secuestro emocional hay un ínterin muy breve. Enseguida se siente uno como cree que debería sentirse. Si vas a usar ese rasgo de la naturaleza humana, que sea en tu favor. No imites de forma consciente salvo que estés aprendiendo una técnica. Es decir, imita solo para poder algún día dejar de imitar y empezar a ser imitado. Contra el mimetismo inconsciente poco podrás hacer. Si acaso, preguntarte de vez en cuando si eso que te saca de tus casillas, si aquello que te enfurece, merece realmente tu tiempo y tu energía, o más bien estás participando en una orgía de afectos bastardos y aversiones inmotivadas.

En materia de imitación es obligado leer a Ferran Toutain. Arranca la obra que dedicó al tema con esta cita de Witold Gombrowicz: «Ser hombre significa imitar al hombre». No extraigas conclusiones precipitadas, puedo oír lo que piensas: si me ponga como me ponga no voy a poder dejar de imitar, pues en eso consiste ser hombre, ¿a qué viene todo esto? Recuerda: nada de literalidades. Deja que Toutain te lleve de la mano a lo largo de las líneas que he seleccionado para ti con sumo cuidado:

> Con la revolución tecnológica que han experimentado las comunicaciones en las últimas décadas, se han sofisticado de manera extraordinaria las posibilidades que cada uno de nosotros tiene de no ser nadie.

> El hombre sin atributos causa a menudo la impresión de esos niños subidos a los hombros de sus padres que enarbolan banderas y pancartas sin tener la menor idea de lo que representan.

> La posmodernidad ha llevado a sus últimas consecuencias tanto la despersonalización del hombre como su afán por personalizarse: [...] Es esa una incongruencia que solo puede resolverse por medio del autoengaño: cuanto más se asimila uno a sus correligionarios, más crece en él el sentido de la originalidad. [...] De ahí, el éxito contemporáneo de las identidades colectivas.

El sujeto verdaderamente pernicioso es aquel que, exhibiendo toda su vida una conducta en apariencia muy sensata y cooperativa, goza entre sus iguales, entre quienes constituyen el grueso de la composición social, de un elevado grado de reconocimiento gracias a su asombrosa capacidad para nutrirse sin pausa, y con todo el aposentamiento anfibio que le caracteriza, de las ideas colectivas que va cazando al vuelo.

[Puede] denunciarse tantas veces como convenga la pretensión de hacer pasar los prejuicios por ideas. Si la sociedad valora los primeros hasta el punto de exigir respeto por los que se enquistan en ellos y desconfía de las segundas porque ve en ellas una amenaza [...] es solo porque las ideas son lo contrario de la adhesión, y los colectivos humanos tienen, por definición, una naturaleza adherente.

Se llama a los individuos a singularizarse para salir del rebaño y lo que se singulariza es el rebaño. Por esa razón, para constituir la personalidad del colectivo, el individuo se convierte en célula del organismo. Todo el mundo es invitado a ser alguien, pero alguien previamente definido por los estereotipos propios del grupo al que está destinado.

Cuando el humor se recrea en los fundamentos de la existencia incluye por definición al propio humorista, y en consecuencia uno no puede ser humorista si no es capaz de percibirse a sí mismo como objeto de ridiculización.[1]

Quien pueda entender, que entienda. Y tú puedes.

Convertirte en célula de algunos organismos, ceder más de lo que quisiéramos a tu naturaleza adherente u otorgar reconocimiento a tipos perniciosos son desgracias que no vas a poder evitar. Pero saber que es así de manera fatal salva una parte de tu ser. Con esa parte de su ser van por el mundo los caracteres más genuinos. No se puede pedir más a un animal social.

---

1   Ferran Toutain, *Imitación del hombre*, Malpaso, 2020

Ahora solo puedo contemplarte como un manojo de posibilidades. Un manojo grueso. Renunciarás a muchas de ellas a medida que tomes decisiones, es decir, a medida que escojas. Elegir algo es descartar lo otro, el resto de las ramas del árbol, todas aquellas de las que disponías en ese específico ámbito de decisión, salvo una. Es como si las ramas descartadas se rompieran o quemaran. Nunca volverán. Las has eliminado de tu universo. O mejor dicho, solo volverán como seres monstruosos, hechos un poco de recuerdos y un mucho de experiencias no vividas, de especulaciones borrosas sobre lo que pudo haber sido y no fue, como en el bolero de Machín que tan sentidamente interpretas sin público, de noche, en el salón de casa. Pero en la realidad, cada elección crea nuevas ramas.

Es más que probable que las ramas nuevas sean infinitas cuando se decide algo, aunque nos parezca que el repertorio de nuestras posibilidades se va estrechando. Ello no significa que contengan todas las posibilidades de nuevo, incluyendo las perdidas. Sería un sinsentido. Significa que las nuevas no tienen límite, pero entre ellas no están las eliminadas con anterioridad. Esta paradoja fascinaba a Borges: el conjunto de los números pares no es menor que el conjunto de los números enteros. Pero no nos desviemos. La cuestión es que hay más ramas de las que puedas soñar en mil vidas. Ramas impensables. Fíjate que, solo con las que ahora ves, tienes razones para estar pletórico de dicha, para saborear la euforia de la juventud, que yo recuerdo exactamente con esta toma de conciencia: «¡Dios mío, qué jóvenes somos y cuántas posibilidades nos quedan todavía!». Así nos lo dijimos Xosé Cagide y yo (no sé quién pronunció las palabras) una noche en el campo gerundense, a los 22 años. Y rompimos a reír a carcajadas invencibles. Éramos todopoderosos. No tengo por qué creer que tu euforia —cuando la experimentas o cuando la experimentes— sea de naturaleza muy distinta.

El caso es que el tiempo pasa, la euforia se evapora y, además, cuando la recuerdas, te parece agotadora, absurda, temeraria. Un hombre cabal admite que existen límites y que estos actúan sobre él. Que acumula una montaña de descartes. Un hombre cabal se ha tranquilizado con los años y disfruta de serenas y sutiles dichas. Preocúpate menos por lo que decides y más por cómo decides, de acuerdo con qué criterios, a la luz de qué principios, en beneficio de qué y de quién. Lo imposible es no errar, ya que de continuo primamos, ignoramos, magnificamos, infravaloramos, olvidamos.

En resumen: ya desaprovecharás innumerables oportunidades sin quererlo, pero intenta al menos valorar las opciones por ti y para ti, individuo irrepetible. Otros querrán utilizarte como medio para acercarse a sus fines, normalmente distintos a los que expresan. Recuerda: no les debes nada, y si te insinúan lo contrario les debes menos que nada.

Comprueba, cuando barajes sumarte a alguna causa, si esta no consiste en un cóctel de prejuicios, sentimentalismo y antagonismo. Siempre se presentan con las mejores intenciones, la sombrillita de papel del cóctel. Extrema el cuidado con las buenas intenciones si llegan envueltas en términos ajenos a la escala humana, como *Humanidad*. O como *planeta*. Más allá del discurso, ¿se traduce esa causa alguna vez en algo tangible? ¿Pone en peligro consecuciones efectivas, útiles y positivas? Porque igual la sombrillita opera solo como reclamo, o como distintivo que te invitan a colgarte para que tú te sientas satisfecho, y ellos más fuertes, sin haber conseguido nada. O arriesgando demasiado.

Eres muy libre de fiarte más de la lógica que del olfato (o viceversa), más del instinto que de los consejos, etc. A fin de cuentas, tu aparataje decisorio está más integrado de lo que crees. Que te sientas mejor o peor con algo, aunque ignores el porqué, no es irrelevante. Uno procesa experiencias que dejan su huella y su lección de muy distintas maneras. Ni mucho menos es la razón, aislada de otros instrumentos, lo único fiable. Pero sí es generalmente imprescindible y se trata de un instrumento estrictamente humano. Siempre puedes combinarlo con otros. ¡Qué digo! Siempre lo vas a combinar con otros.

Una manera de desaprovecharte es dar por válido lo que te vas encontrando en la escuela y en la universidad *de la manera* en que te lo presentan. Pregúntate al menos por las motivaciones de aquellos que son fuente de tus convicciones. ¿Buscan acercarme a la verdad o no admiten siquiera la existencia de tal cosa como «la verdad»? ¿Están colándome una gran teoría mientras me transmiten datos? ¿Tiene esa teoría subyacente pretensiones omniexplicativas? ¿Me están vendiendo una ideología —o los viejos restos de ella— escondida dentro de lo que parece un simple conjunto de valores positivos? ¿Varias teorías a la vez con un sello ideológico que no se percibe a primera vista? ¿Me hurtan hechos que no encajan en la teoría que defienden o bien me los ofrecen para que en última instancia forme mi criterio? ¿Me invitan a opinar sobre distintas cuestiones antes que a conocerlas? ¿Antes de conocerlas desde diferentes prismas? ¿Apelan más a mi intelecto o a mi corazón? ¿Pasan apresuradamente por los hechos para alcanzar cuanto antes las conclusiones? ¿Empiezan sus enseñanzas por esas conclusiones y, después, encajan hechos en ellas? ¿Premian —aunque sea con una sonrisa de aprobación o una mirada de inteligencia— mi adscripción sentimental a una o varias causas que son las suyas o bien valoran sobre todo el rigor con que soy capaz de sustentar mis opiniones una vez estudiados los datos? Pregúntate estas cosas como alumno, pues si te inoculan doctrinas de tapadillo, sus restos quedarán para siempre en los cimientos sobre los que vas a levantar tu cultura.

Permite que te cuente una experiencia personal. Era 1969, año no tan milagroso como su precedente, pero rico asimismo en prodigios. No voy a comparar el mayo de la playa bajo los adoquines con el julio del *Apolo 11*. Mientras que los lemas de París no podían afectar a un tierno infante, la llegada del hombre a la Luna lo era todo para el febril lector de Hergé que yo era entonces, y que seguí siendo. Era verano, un prodigio en sí mismo cuando se tienen ocho años recién cumplidos, y acaso cuando se tienen más de ochenta. Lo explicaré deprisa. Un puñado de alumnos de los jesuitas bajamos en pijama, de madrugada, al *hall* del hotel de La Molina donde pasábamos unos días. Allí estamos de pie, soñolientos, boquiabiertos, tan impresionados por las lágrimas de unos turistas americanos como por la gesta de la NASA, resumida en unas imágenes de baja calidad en blanco y negro y en la voz de Jesús Hermida, que quizá mi recuerdo haya añadido. A la mañana siguiente, corro de escolares tras el desayuno. El padre espiritual nos conmina a opinar sobre la hazaña espacial. Sé que había entusiasmo, que borrosas empresas interplanetarias se abrían a nuestro futuro y que no nos atrevíamos a pronunciar las palabras «quiero ser astronauta». Pero vaya si queríamos. Entonces sucedió. La pregunta cayó como un hachazo, al menos en mi conciencia, hasta entonces impoluta y tintinesca: «¿Os parece bien que los americanos se hayan gastado todo ese dinero cuando cincuenta mil niños mueren cada día de hambre?». No había allí otro adulto para sacarnos de la vía que se nos proponía, no hubo un simple «qué tendrá que ver el culo con las témporas». El falso dilema fue una bajeza, un primer encuentro con la demagogia para el que no estaba preparado. Largas hileras de pequeños cadáveres ocuparon mi imaginación poniendo un fin injustificado y brutal a los placeres benditos que unen ciencia e infancia. Se instaló en mí el sentimiento de culpa, decidí que hasta entonces había sido un insensato y me propuse no olvidar nunca a aquellos pobres congéneres indefensos que caían segundo a segundo con la regularidad de un reloj suizo. Malditos quienes contaminan la infancia con la culpa porque sus canalladas son perdurables.

Amigo mío, en 1969, y en los jesuitas, ya iban por ahí los tiros. La cosa no ha hecho más que empeorar. Más de medio siglo de empeoramiento. Si no eres cauteloso, si no limpias pronto esos restos y los arrojas a la basura, se pudrirán en tu interior y ensordecerás ante los postulados que contradigan tus sucesivos adoctrinamientos. Y como en el mundo interconectado circulan todo tipo de mensajes, tu indignación se hará crónica.

Espera, ya estás indignado. Se impone una revisión a fondo y la única forma de llevarla a cabo es leer, leer y seguir leyendo. Familiarízate con puntos de vista diferentes, con análisis tributarios de doctrinas varias. Subraya los libros, al cuerno el fetichismo. Hazlos tuyos, apunta en los márgenes, dales otra pasada. Lee bien. E intenta no perderte las obras que son objeto de cancelación cultural. Si no quieren que las leas será porque contienen algo interesante.

Seguramente des por descontado, con la ingenua mayoría, que el mundo pertenece a la juventud. Nada más lejos de la realidad. La publicidad es responsable de tal filfa. El grueso de la gente de tu edad ocupa los años sonrientes buscando motivos para ensombrecerlos. Por alguna razón, los más inteligentes se ponen zancadillas a cada paso. Este rasgo, unido a la desventaja de la inexperiencia, ostensible cada vez que el novato se topa con relaciones sociales relevantes, hace que la madurez sea más agradable que la juventud. Desde luego, menos atormentada.

Sí, ya sé, están las pasiones. Las pasiones valen la pena y hay que vivirlas, claro. Adelante, pero no te las dejes puestas día y noche, no te las tatúes o te consumirán tan deprisa que te parecerá increíble. Sabiendo de tu propensión al arrebatamiento, te propongo este régimen: pasión, descanso, pasión, estudio, pasión, esparcimiento, pasión, lectura, pasión, descanso, y así sucesivamente. La mitad es pasión, no te quejarás. Pero pasión pura, no sucedáneos. Amores básicamente.

Las lecturas de un joven —y hasta de un viejo— pueden ser apasionadas. Pero esos entusiasmos son especiales. Son, por así decirlo, ímpetus constructivos. Su poso perdura y, salvo que la selección de títulos haya sido catastrófica, trabajarán en tu favor incluso cuando hayas olvidado cada línea, cada personaje de la gran novela, cada pasaje de la ficción, cada argumento del ensayo y cada dato de la obra de referencia. Sí, leer obras de referencia procura raros e intensos placeres. Pruébalo.

Lee cuanto antes a los clásicos. Cuando vuelvas a ellos maduro y formado tendrás mucho ganado. El beneficio de ponerte desde ahora manos a la obra lo notará tu intelecto, lo reflejará tu lenguaje y lo agradecerá tu espíritu. Y será muy pronto. Hay otra consideración de orden competitivo. Aunque te hayan contado que la competitividad es mala, indeseable, aunque te hayan protegido de ella por todos los medios creando mundos paralelos bajo la urna de cristal del aula, lo cierto es que tendrás que competir en numerosas ocasiones, y entonces preferirás ganar, y también conocer lo que es perder y cómo se manejan las derrotas. De otro modo, saldrás a la intemperie desprotegido, sin anticuerpos. Eso consigue la pedagogía de las buenas intenciones. La que evita corregir exámenes con bolígrafo rojo para no traumatizar al alumno o la que directamente renuncia a los exámenes porque son estresantes y pueden suspenderse, con la consiguiente frustración. Es la pedagogía que propone partidos de fútbol donde no se cuentan los goles. Ya sabes. En la vida real se compite muy a menudo. Lamentarlo es tanto como lamentar que exista la sociedad o que la condición humana sea la que es. Los experimentos sociales que han intentado construir comunidades no competitivas han acabado casi siempre en grandes tragedias y en miseria. La excepción está en algunas comunidades religiosas. Una gota en el océano. Si el tema te interesa, dispones de las más de dos mil páginas de *Los enemigos del comercio*,[2] obra mayúscula de un polímata y sabio fascinante que me honró con su amistad.

Leyendo pronto a los clásicos brillarás, cualquiera que sea el entorno en el que te muevas o en el que acabes recalando. Entre otros errores, los sistemas docentes contemporáneos en Occidente subestiman la importancia de abordar grandes obras de la literatura a edad temprana. George Steiner empezó con Homero a los cinco años. Su padre encontró la manera de convertir en búsquedas electrizantes, una vez narrado el principio de un pasaje, el significado de ciertas palabras clave poniéndole delante el texto original en griego, un diccionario y una gramática elemental. En la mesilla de noche encontró su «primer Homero». «Puede que el resto no haya sido más que una apostilla a aquel momento», escribe. Se refiere al resto de su vida, a su obra. Los pedagogos desaprobarían el estudio de la *Odisea* y la *Ilíada* a los cinco años, pero él llegó a la cima de la literatura comparada, de la teoría de la traducción y de la crítica literaria, entre otras materias. Suyas son estas líneas:

> Siempre he desconfiado de la teoría a la hora de resolver mis asuntos emocionales, intelectuales y profesionales. En la medida de mis posibilidades, encuentro sentido al concepto de *teoría* en las ciencias exactas y, hasta cierto punto, en las ciencias aplicadas. Estas construcciones teóricas precisan, para su verificación o refutación, de experimentos cruciales. Si son refutadas, serán sustituidas por otras. Pueden formalizarse lógica o matemáticamente. La invocación de la *teoría* en el terreno de las humanidades, en la historia y en los estudios sociales, en la evaluación de la literatura y las artes, me parece mendaz.[3]

---

2   Antonio Escohotado, Espasa, 2008, 2013 y 2016 (tres volúmenes)

3   George Steiner, *Errata. El examen de una vida*, Siruela, 2009

Busca aquellas obras que siempre están vivas. Advertirás ese atributo exclusivo de los clásicos si haces el esfuerzo de seguir leyendo cuando te canses en los primeros capítulos o en las primeras páginas y el libro se te caiga de las manos. Será uno de los esfuerzos más rentables que realices en tu vida. Con todo, lo más importante no es la consideración práctica, sino la lúdica, que se entrelazará con la existencial: con la debida persistencia, de esas lecturas obtendrás *sentido*. Cuanto más goces con ellas, más resplandecerás tú, hasta deslumbrar. Es un círculo virtuoso: placer y recompensa, más placer y más recompensa.

No lo dejes para cuando tengas un trabajo, o para cuando acabes la carrera, o para cuando te cases, o para cualquier otro momento que te parezca más conveniente que mañana mismo. Tienes dieciocho años; márcate como objetivo haber leído una decena de obras inmortales a los veinte. Puede que después tu profesión, tus preferencias en el uso del tiempo libre o tus obligaciones familiares te aparten de la lectura. Si es así, nadie podrá arrebatarte la conquista. Tampoco la solidez personal, que siempre se trasluce, de quien ha leído con entrega a Homero, a Shakespeare, a Cervantes, a Dostoyevski, a Flaubert, a Tolstói, a Dante, a Goethe, a Stendhal. La realidad se enriquecerá, tus palabras serán más significativas.

No te dejes el Nuevo Testamento. La Biblia en su conjunto, a poder ser. No es preciso que tengas fe. Cree en lo que te parezca, o no creas en nada en absoluto. Para no ser patéticamente manipulado, para no acabar convertido en un medio al servicio de fines ajenos, es preciso que te dotes de un arsenal cultural que la educación institucionalizada no suele proporcionar. La alta cultura ha quedado reservada a unos pocos centros, escuelas y universidades elitistas. Y a los afortunados que desde niños disponen de una buena biblioteca en casa y del estímulo de sus padres. Los sistemas públicos te enseñan a ser crítico sin proporcionarte los conocimientos que debes someter a crítica; te preparan para opinar sobre todas las cosas sin proveerte de la formación e información necesarias.

Es un esquema profundamente clasista. Tras tantos años de teorías y prácticas pedagógicas que relegan el mérito, la memoria y el esfuerzo, vuelve a ser necesaria la riqueza de cuna para acceder a los estudios que pueden convertirte en una persona culta. Esta perversión occidental cronifica la desigualdad. No siempre ha sido así. La escuela con la que rompió la pedagogía moderna permitía en los años cincuenta y sesenta del siglo pasado, y en parte de los setenta, que un alumno de familia humilde hiciera méritos buscando la excelencia académica con un plus de trabajo. Los logros subsiguientes ponían en marcha un ascensor que atravesaba los techos y burlaba el determinismo social. Los hijos de los más desfavorecidos podían acceder así a niveles de renta y a profesiones que hoy están vedadas, para empezar, a los que estudian en el sistema público. Es decir, a quienes más necesitan, en general, del ascensor social. Otro fiasco de las buenas intenciones.

Con ser primordial, es este solo uno de los ámbitos en que, como iremos descubriendo, las cosas son lo contrario de lo que parecen. Cuando el acceso a (o la conservación de) una beca deja de depender del desempeño académico, ¿qué ventaja tiene el estudiante humilde con talento dispuesto a trabajar más que nadie? Ninguna. He ahí el resultado de la aparente *democratización* académica: la igualación por abajo. ¿Has visto cómo escribe gente que ha pasado por la universidad en países como España? Son incapaces de redactar con corrección, y mucho menos con gracia. Peor: cometen faltas de ortografía inimaginables en su entorno hace algunas décadas.

Para eludir el nuevo determinismo social, el alumno modesto, además de ponerle ganas y nadar contra la corriente, debe contar con una familia dispuesta a sacrificar vacaciones, salidas, restaurantes, comodidades, compras de ropa, cambios de vehículo y mil cosas más para poder sufragar los estudios de su hijo o hijos en buenas escuelas plurilingües y privadas, y en universidades, a veces extranjeras, que garantizan la mejor formación disponible en el mercado. En el mercado, digo: la competencia entre centros es imprescindible para la mejora general.

Detengámonos un momento en la desprestigiada memoria. Es un asunto trascendental, y no exagero. ¿Te suena la expresión «arte de la memoria»? Acompáñame a visitar una obra de Frances A. Yates, experta en la Edad Media y el Renacimiento:

> Pocos saben que los griegos, que inventaron muchas artes, inventaron también un arte de la memoria que, al igual que las otras artes, pasó a Roma, de donde descendió a la tradición europea. Este arte enseña a memorizar valiéndose de una técnica mediante la que se imprimen en la memoria «lugares» e «imágenes». Por lo común, se la ha calificado como «mnemotecnia», capítulo de la actividad humana que en los tiempos modernos carece más bien de importancia. Pero en la época anterior a la imprenta el adiestramiento de la memoria era de extraordinaria importancia; y, por otro lado, la manipulación de imágenes en la memoria ha de involucrar, en cierta medida, a la psique como un todo.[4]

Así empieza el prefacio de su libro. Y así se expresa en su último capítulo, cuando la época que constituye su especialidad se ha revisado por extenso y ha aparecido el método científico. Van dos fragmentos:

> Es un hecho curioso y significativo el que en el siglo XVII conozcan y traten del arte de la memoria [...] pensadores que apuntan en direcciones nuevas como Francis Bacon, Descartes y Leibniz. Pues en este siglo el arte de la memoria sufrió aún otra de sus transformaciones, pasando de ser un método para

---

4   Frances A. Yates, *El arte de la memoria*, Ediciones Siruela, 2005

la memorización de la enciclopedia del saber, para reflejar en la memoria el mundo, a ser una ayuda para la investigación de la enciclopedia y el mundo, con el objeto de descubrir conocimientos nuevos. Es fascinante observar cómo, entre las tendencias del nuevo siglo, el arte de la memoria sobrevive como factor de crecimiento del método científico.

La historia de la organización de la memoria toca puntos vitales de la historia de la religión y la ética, de la filosofía y la psicología, del arte y la literatura, del método científico. Como parte de la retórica, la memoria artificial forma parte de la tradición retórica; como potencia del alma, la memoria forma parte de la teología. Cuando pensamos en estas profundas conexiones, comienza a parecer que después de todo no es sorprendente que su prosecución haya abierto nuevos puntos de vista respecto a algunas de las más grandes manifestaciones de nuestra cultura.[5]

No espero que un repentino entusiasmo por el tema te empuje a leer de cabo a rabo la preciosa obra de Yates que acabo de citar. Todavía no. Te confesaré que yo leí casi todo Nietzsche a los quince años y sufrí una severa indigestión. Por razones distintas, a Yates hay que llegar con una cultura formada. Además, pese a traértela aquí en una dosis bajísima, casi homeopática (casi inexistente), sirve a un propósito menos modesto de lo que pudiera parecer. La memoria, además de ser útil, abre mundos vedados incluso a personas de alta cultura. Algún día me entenderás. Por ahora, me conformo con que te eches a reír cuando oigas que el aprendizaje memorístico es prescindible.

La pedagogía occidental contemporánea se ha especializado en talar los pies de los educandos para que no se tropiecen. O bien se resiste a suspenderlos por no provocarles un trauma,

---

5 · Íbid.

o bien elimina las consecuencias de los suspensos, como la repetición de curso de quien acumule un cierto número de ellos. Parece mentira que no lo entiendan los gobiernos, ni los profesores organizados en sindicatos y asociaciones, ni los estudiantes con similares aficiones corporativas. Si nadie suspende, o si suspender no significa nada, entonces aprobar tampoco. Se elimina así un incentivo esencial. No faltan profesores críticos con este sistema, tan complaciente como contraproducente. Por desgracia, los críticos no están organizados. Son incómodos para sus colegas, pero cuando alguno de ellos hace oír su voz muchos padres recapacitan, y hasta algún compañero. Sin embargo, nada cambia. Hay excelentes profesionales esparcidos aquí y allá, docentes disidentes que se toman muy en serio su campo. Ojalá te hayas encontrado con alguno de ellos.

A los otros los conoces seguro por puras razones probabilísticas: profes que no han leído a los clásicos, pero que han seguido cursos sobre «enseñar a enseñar» y «aprender a aprender» (¿qué y qué?). Mantienen a los alumnos en un mundo que encaja con su visión, uno del que prácticamente se ha desterrado el conocimiento y en el que imperan los sesgos ideológicos. No se plantean la gran cuestión cuando tienen a los niños o adolescentes delante, que es todo el día: ¿Cómo van a soportar las frustraciones en el futuro estos chavales si los modelamos para no competir? Y añado: ¿Cómo van a argumentar con solvencia quienes no soportan las opiniones contrarias a sus convicciones, ni siquiera las ligera y parcialmente contrarias? Porque el hecho es que no las soportan, como se pone de manifiesto en cuanto pisan la universidad y gozan de la autonomía suficiente para señalar profesores, boicotear actos y cancelar autores. Como veremos más adelante, el problema tiene un origen: los han formado como predicadores de la religión última, la moralidad.

No te equivoques: tampoco quiero yo que te estreses; también quiero yo que despliegues tus talentos particulares, que seas crítico con lo que se te cuenta, que seas espontáneo, que adoptes actitudes colaborativas, que te singularices y que gestiones bien tus emociones, como dicen pretender tantos pedagogos, maestros y profesores. En efecto, pero con una diferencia: sin engañarte. Sin complacerte con la premisa implícita de que alguna crítica valiosa puede brotar de quien desconoce vastamente el objeto, teoría, pasaje histórico, doctrina, corriente, estilo, idea o costumbre a criticar. Has probado apenas un par de bocados en el gran banquete del conocimiento mientras tus maestros te indicaban la reacción de asco, de agrado, de deleite o de rechazo que se esperaba de ti. Privándote además de casi todos los platos porque esos gastrónomos desprecian el acto de comer y promueven el ayuno. Su especialidad es enseñar a comer y aprender a comer. Pero sin comer.

Vuelvo a la conveniencia de conocer la Biblia. La obligación más bien, si hay que hacer de ti un hombre culto. Repara en esto: no hay manera de acercarse al arte, no hay modo de visitar decentemente un museo, de disfrutar de las obras del Medioevo, del Renacimiento, del Barroco, si careces de las referencias elementales de lo judeocristiano. La religión impregna la cultura europea y, por ende, la occidental. No serás un buen observador de la pintura, la escultura o la arquitectura, ni el lector que estás destinado a ser, ni alcanzarás la mínima comprensión del pasado —ni, por tanto, del presente—, si no están ubicados en tu memoria los grandes hitos y mitos judeocristianos y grecolatinos y si no has trazado algunas líneas que los relacionen con las eras posteriores a los tiempos bíblicos, a la Historia Sagrada, a Grecia y a Roma. Sin ese bagaje, que tampoco exige ser un especialista, olvídate —salvo a modo de intrascendente entretenimiento— de Miguel Ángel, Leonardo, Rafael, Botticelli y cuantos artistas compusieron sus obras maestras mezclando religión con mitología o magia. También con política y con privadas ambiciones de familias notables.

Aunque aquellos artistas no lo consideraran una mezcla, no hay manera de acercarse a su época y a su obra sin partir de nuestras clasificaciones, para ir adaptándolas luego al tiempo en que fijamos la atención. Si falta este último requisito pecaremos de *presentismo*, distorsión que ya os ha poseído a ti, a tus amigos, a tus profesores y a los opinadores que lees o escuchas. Líbrate de ella si aspiras a elevar la vista. Cuando juzgues el pasado desde los baremos del presente, sé consciente al menos de que lo estás haciendo. Te sirvo unos fragmentos de utilidad:

El uso más evidente de las pinturas y las esculturas en la Italia renacentista fue el religioso. En una cultura secular como la nuestra es bueno recordar que la que nosotros vemos como una «obra de arte», era vista por sus contemporáneos primeramente como una imagen sagrada. La idea de un uso «religioso» no es muy precisa, por lo que probablemente será útil distinguir entre sus funciones mágicas devotas y didácticas [...] Algunas de las pinturas renacentistas pertenecen a un sistema mágico ajeno al mundo cristiano [...] También se ha argüido [...] que la famosa *Primavera* de Botticelli pudo haber sido un talismán, es decir, una imagen destinada a atraer «influencias» favorables del planeta Venus [...] Otras imágenes fueron creadas y compradas con la intención de estimular la devoción [...] Otro uso de las pinturas religiosas fue el didáctico. Como ya había señalado el papa Gregorio *el Magno* en el siglo VI: «Las pinturas están en las iglesias para que los analfabetos puedan leer en las paredes lo que no pueden leer en los libros». [...] También, las pinturas tenían significados políticos. En Venecia, se glorificó a la República, al encargarse y exponerse retratos oficiales de sus dogos o escenas de las victorias venecianas [...] Ni los artistas ni los patronos tenían total libertad para hacer elecciones estéticas. Su libertad estaba limitada, lo advirtiesen o no, por la necesidad de tener en cuenta los gustos dominantes de la época. Es necesario describir estos gustos para que podamos mirar —aunque sea solo momentáneamente— las obras de arte y literarias con los ojos de sus contemporáneos.[6]

En tus manos está averiguar esos gustos, saltar en el tiempo abandonando tus coordenadas. Es necesario combinar saberes para *viajar* al Renacimiento con algún provecho. Permíteme que ilustre el ejemplo de arriba con unas significativas revelaciones sobre Botticelli que debemos a Gombrich, el más influyente historiador del arte de nuestros tiempos. Sitúate. Gombrich ha dado con una carta del sacerdote y filósofo Marsilio Ficino al mecenas de Botticelli, Lorenzo de Pierfrancesco, que es un adolescente. Ficino es un personaje principal en el pensamiento del Renacimiento italiano, fundador de la academia platónica de Florencia y canónigo de su catedral, teólogo y ocultista. El adolescente Lorenzo será el destinatario de *La primavera*. Doy por hecho que conoces la obra. Búscala ahora mismo y obsérvala. Aquí la gracia está en la mezcla de lo religioso con lo mitológico, de lo astrológico con lo moral, de lo erótico y del cielo, de la belleza como edificadora de valores en un muchacho de catorce o quince años. No olvidemos que Ficino era un neoplatónico. Así instruye el religioso al menor sobre el modo en que debe observar la pintura de Botticelli cada vez que se cruce con ella, cosa que ocurrirá a diario porque Lorenzo la tiene colgada junto a su alcoba en la Villa di Castello, en Florencia:

Dicen los astrólogos que el hombre más feliz es aquel para quien el «destino» ha dispuesto los signos celestes de manera que la Luna no esté en mal aspecto con Marte y con Saturno […] No hemos de buscar estas cosas fuera de nosotros, pues todos los cielos están en nuestro interior y la vehemente

---

6   Peter Burke, *El Renacimiento italiano. Cultura y sociedad en Italia*, Alianza Editorial, 2001

energía que llevamos dentro atestigua nuestro origen celestial
[...] Dispón tus propios cielos [...] A los hombres, además, no
se les puede prender con otro cebo que el de la Humanidad...

Ahora viene lo bueno. No imaginas lo que Ficino entiende
por «Humanidad»:

[...] La Humanidad es una ninfa de gentileza excelente [...]
Su alma y su mente son el amor y la caridad; sus ojos, la dignidad y la magnanimidad; las manos, liberalidad y magnificencia; los pies, gentileza y modestia [...] ¡Oh, qué exquisita
belleza! Qué hermosa de ver. Mi querido Lorenzo, una ninfa
de tal nobleza ha sido puesta por completo en tus manos. Si te
unieras a ella en matrimonio y la reclamaras tuya, endulzaría
todos tus años y te haría padre de hermosos hijos.[7]

Gombrich señala que en esta carta:

Ficino ha fundido las dos tradiciones con las que la Edad
Media había transformado el antiguo Olimpo: la alegoría
moral y el saber astrológico. Traza un horóscopo que es en
realidad un mandato moral. Lejos de ser la diosa del Placer, su
Venus se presenta como un planeta moralizado...[8]

Al parecer, Ficino quiere que el muchacho se enamore de
Venus, aunque yo me enamoraría antes de Flora, ¿no te parece?
Y quiere que, al enamorarse a través de la puerta de los ojos,
interiorice los valores de armonía, caridad, magnificencia,
cielo interno. El enamoramiento efectivo le parecería perfectamente verosímil teniendo en cuenta la extraordinaria belleza
de las mujeres, pintadas a tamaño natural y pensando en la
modelo Simonetta Vespucci, de la que Botticelli estaba a su vez
prendado. No seas escéptico, joven. Ten presente que no existía
la fotografía ni, por tanto, el cine. Ni internet, ni Pornhub. Una

---

7   *Opera omnia* de Ficino, Basilea, 1576, citado por E. H. Gombrich en *Imágenes simbólicas*, Debate, 2005

8   Gombrich, *op. cit.*

arrebatadora belleza femenina de tamaño natural plasmada por el maestro florentino, vista varias veces al día, pudo en efecto embrujar al muchacho. Otra cosa es que el resto de objetivos del neoplatónico Ficino se cumplieran. Lo que importa a nuestros efectos es que la próxima vez que veas una reproducción de la obra, o tengas la suerte de ver el cuadro mismo en la Galería Uffizi, pienses en todo su sentido.

Como anuncié, te perderás placeres sutiles si desatiendes el conocimiento de los pilares judeocristiano y grecolatino, si no te aplicas un poco a su estudio hasta que seas capaz de relacionar épocas y tendencias, identificar algunas constantes y relacionar disciplinas diversas. Pero en realidad es mucho peor que perderse una fuente de satisfacciones.

Lo cierto es que no se entiende prácticamente nada fuera de esos dos mundos porque son los ejes de coordenadas de nuestra cultura, y me refiero a la entera cultura occidental. Lo tecnológico sí lo entenderás en la medida en que te apliques y valgas para ello. Lo científico en sentido estricto (ciencias duras) también, aunque con un vacío abismal bajo tus pies. En las humanidades y en las artes, nada de nada, pues es el caso que hasta las creaciones más ajenas al hecho religioso proceden de una reacción contra él, o de una exploración que inevitablemente parte de él. Considera el psicoanálisis. No es una elección al azar.

Freud ha repercutido en la visión contemporánea del mundo con tanta fuerza que es imposible pasarlo por alto. Puedes creer o no en su rigor científico. Yo no creo desde que supe que:

Freud [...] no se arredraba ante comportamientos contrarios a las más elementales exigencias de la ciencia. Freud mintió acerca del nivel de éxito terapéutico alcanzado. Si los pacientes defraudaban sus expectativas —no querían mejorar—, elegía entonces a un sujeto de experimentación con quien sí podía contar: se elegía a sí mismo. Para ocultar lo que había pasado realmente, cambiaba *a posteriori* el contenido de sus concepciones iniciales. Por estridentes que suenen estas afirmaciones, se puede demostrar con bastante facilidad que Freud estaba dispuesto a seguir cualquiera de estas tres estrategias: 1) mentir sobre el éxito terapéutico; 2) tomarse a sí mismo como sujeto de experimentación cuando obtenía resultados frustrantes con otras personas; 3) dar *a posteriori* una imagen distorsionada del contenido de sus propias concepciones anteriores.[9]

Es más, hurgar en los recuerdos de infancia, cuando sabemos ya que son básicamente falsos, ha provocado un sinnúmero de problemas. Busca los trabajos de la psicóloga Elizabeth Loftus si te apetece profundizar en ello. Es asombrosamente sencillo insertar en la gente recuerdos falsos, algo que se puede hacer con deliberación o sin ella. En mi opinión, el terapeuta cree que ayuda a su cliente-paciente mientras levanta en su interior un castillo de mentiras. Pero lo que yo piense sobre el rigor científico del psicoanálisis carece de importancia porque, como la mayoría de los que hemos disfrutado de la lectura de Sigmund Freud, no soy científico.

Lo que importa es que sus teorías y las de sus principales discípulos impregnan desde el cine y las artes plásticas hasta el pensamiento y la literatura. Toda la literatura, ojo: la posterior a él, sin duda, pero también la anterior cuando se lee hoy. Por cierto, el primero en sufrir ese sesgo fue el propio padre del psicoanálisis con las obras de Shakespeare, como ha demostrado un autor del que enseguida hablaremos. Asimismo, las ideas del doctor Freud y de sus epígonos nutren distintas corrientes de la psicología y, lo que es más significativo, también las teorías sociopolíticas que hacia los años sesenta del siglo pasado empezaron a combinar marxismo y psicoanálisis, y que siguen ejerciendo directa o indirectamente un peso determinante en los círculos académicos, en el grueso de la intelectualidad y en

---

9   Han Israëls, *El caso Freud. Histeria y cocaína*, FCE

la herencia de las distintas extensiones de la Teoría Crítica, de incalculable repercusión. Por no mencionar la interpretación de la obra de Freud en clave puramente literaria.

A eso me referí unas líneas atrás. La principal aportación a este enfoque —que explicaría por qué nos gusta tanto leer a Freud aunque no nos lo creamos o aunque no sepamos gran cosa de psicología y menos aún de psiquiatría— la hizo Harold Bloom, el crítico con mayor ascendiente sobre su propio oficio y sobre el público occidental culto o medianamente leído. Bloom incluyó al médico austríaco y judío en una selección personal de veintiséis escritores en cuya condición de *canónicos* había decidido profundizar. Sí, amigo mío, hablamos del canon literario. Ahí está nuestro hombre, compartiendo estante con Dante y con Whitman, con Kafka y con Proust. Atento:

> Freud es esencialmente Shakespeare en prosa: la visión de la psicología humana que tiene Freud se deriva no de una manera del todo inconsciente de su lectura del teatro shakespeariano. [...] Y fuera conscientemente o no, a cierto nivel, asociaba extrañamente a Shakespeare con Moisés [...] En la fase final de su vida, sustituyó al profeta hebreo de Dios por un egipcio en *Moisés y la religión monoteísta* [...] El verdadero éxito de Freud consiste en haber sido un gran escritor...[10]

Enseguida sabrás que el psicoanálisis es tributario de algo grandioso con lo que su creador quiso romper: el «misterio cristiano». Tributario por oposición. También esa circunstancia hace el conocimiento del cristianismo imprescindible. Aunque se haya erradicado de la escuela en tantos países civilizados. No se puede obviar ni desde la laicidad ni desde el laicismo (que no son lo mismo). Ni siquiera desde el ateísmo. Así que coge de una vez la Biblia y lee, para empezar, los Evangelios.

---

10   Harold Bloom, *El canon occidental*, Anagrama, 1995

El psicoanálisis freudiano siempre construye sus esquemas a partir del misterio cristiano que, por otra parte, pretende desmontar. La idea de que la verdad debe ser simple y de orden inferior equivale a decir que «el último será el primero», que el Mesías victorioso aparecerá bajo el aspecto paradójico de un crucificado, que el *lapis philosophorum* [la piedra filosofal] será algo *vilis, exilis*, humilde y menudo que se encuentra *in stercore*, en la materia más amorfa.[11]

Tampoco encontrarás sentido, provecho, provocación ni gozo en la contemplación de un arte contemporáneo nacido de la ruptura de los cánones cuando ignoras en qué demonios consistían esos cánones con los que se rompió. ¿O acaso vas a ser uno de esos turistas de la vida que cuando visita una exposición pictórica o escultórica solo alcanza a pronunciar las dos palabras planas del transeúnte adormecido de nuestro tiempo, las que le delatan como un ignorante: «qué bonito»? ¡Bonito! Para eso mejor no digas nada. Plántate delante de una obra cualquiera, la que más rabia te dé, espera unos minutos, piérdete en la contemplación sin más y, luego, vete a la cafetería del museo o del centro de exposiciones. Lo observado permanecerá en algún rincón de tu cerebro. Y algo hará, ten fe. Bueno, ya me entiendes.

Muévete hacia donde creas que reside la sabiduría y la encontrarás, pues «la sabiduría se inclina ante el que la busca», según sentenció Ibn Gabirol, poeta hebraico español del siglo XI. Memoriza las nueve palabras entrecomilladas y repítelas cuando te sientas perdido.

Contra la fatalidad nada podemos, salvo atravesar mal que mal la noche oscura. Pero no hay por qué aceptar la interferencia de elementos adversos que no han venido impuestos por el destino. Tú les has dejado entrar y quedarse, les has

---

11   Ioan P. Culianu, *Eros y magia en el Renacimiento*, Ediciones Siruela, 1999

permitido que te desactiven en origen. Quizá porque has mordido algún anzuelo, el del calor del grupo, el de las imitaciones evitables, el de la comodidad de las teorías o ideologías capaces de explicarlo todo sin mayor esfuerzo.

La escuela te arrojó a la intemperie, pero «educado en valores». Invocar valores es lo más fácil del mundo. No existen salvo que presidan, informen o impregnen algo, de modo que en ocasiones te lleven por la vía difícil, la menos gratificante o popular. ¿Qué impregnan en tu vida concretamente los valores en que te educaron? Bueno, se trataba más bien de supervisar tu «crecimiento personal». Palabrería, muchacho. Sandeces que suenan bien (a mí no) y con las que el educador desaprensivo u holgazán se zafa de la reprobación por haberte dejado vacío en el vacío. ¿Crecido personalmente? ¿Espontáneo? Cháchara vieja, como «encontrarse a uno mismo», «autorrealizarse» y demás simplezas. Sucedáneos de sucedáneos de la sentencia original, grabada en el pronaos de un templo de Delfos y que no ha perdido su valor: «Conócete a ti mismo».

Ojalá una carta parecida a esta hubiera llegado a mi buzón adolescente y me hubiera alertado. Atendí cosmovisiones de baratillo, ahora lo sé, por el envoltorio sentimental en que me llegaban. Igual que te ocurre a ti con las actuales causas fraccionarias de las que nos ocuparemos. El sentimentalismo lo explotaban ya con esos fines los aparatos de penetración ideológica, aunque no lo invadía todo como ahora, si hay que ajustarse a la verdad. Recuerdo al muchacho presa de emociones gregarias en manifestaciones callejeras, conciertos solidarios, *homenajes* embelesados. Lo favorecían en mi caso centenares de canciones y poemas cuyo nivel no encuentro en tu ambiente ni de lejos. Pero esa belleza se traducía para nosotros en homenajes a dictaduras y a dictadores cuyas fechorías yo desconocía y me empeñaba en seguir desconociendo. Si este libro, en una imposible voltereta del tiempo, llegara a aquel jovencísimo yo, precozmente politizado y exaltado, quizá me habría ahorrado unos cuantos años de memeces, tantos desplantes por mi parte, y una notable cantidad de energía.

Pongamos que tienes idea de la plasticidad de tu mente y de la anchura del mundo, de la naturaleza compleja e inagotable de la realidad. Pongamos que ya sabes que ese mundo te espera para que le imprimas tu sello. Y entonces decides no cincelarte. Optas por no dar de ti lo que podrías, ya sea por pereza, por desidia, porque no admites el hecho de que un día morirás, porque no perdonas algo a la sociedad, porque no te perdonas algo a ti, por abulia, porque no te da la gana. Pues bien, esa será la decisión de un hombre libre. Siendo así no tengo nada que objetar, nada más que decirte.

Reparo en que algún mecanismo de alerta inconsciente debí poseer en mi niñez. No sé por qué dejó de funcionar durante una década, pero ahí estaba a mis doce años. Fui invitado a una reunión infantil. La organizaba un cura en algún local vacío y oscuro de la Barcelona portuaria. El tipo empezó a perorar sobre la solidaridad. De repente, con extemporáneo júbilo, levantó las manos, las unió a la altura del mentón, entrelazó sus dedos con fuerza y soltó, subiendo una octava su voz, ya de por sí aguda: «*Hem de fer pinya!*». La charleta discurría en catalán. ¿Cómo que piña? —pensé—. Miré a mi alrededor. Solo conocía a la hermosa niña que me había invitado. ¿Por qué si no iba yo a ir allí? El resto eran pequeños rostros desconocidos, embobados por la arenga del religioso. Estaba lejos de casa, había hecho un largo trayecto en autobús y no sabría regresar. Nunca he tenido sentido de la orientación. ¿Cómo que piña? ¿Hacer piña, formar una piña? ¿Con ellos? ¿Por qué? Hice ver que iba al lavabo y me escapé. Pese a mis posteriores refocilaciones en el gregarismo, en mi candor impúber había una luz roja de peligro. Pero volvamos a lo tuyo.

Sabedor de que la posees, ¿echas a perder tu valía? Tú mismo. Te habrá repartido la vida unas buenas cartas sin que tú tengas ganas siquiera de sentarte ante el tapete verde. Qué le vamos a hacer. Solo había venido a contarte que estás enfadado por razones que en realidad desconoces y que, en general, son falsas, como, por ejemplo, que el planeta está en grave peligro de pronta extinción, o que las culpas de los delitos son de todos, o que debes buscar tu identidad o identidades grupales para luego pensar y actuar de acuerdo con ellas.

Solo me creí en la obligación de comunicarte que atribuyes a otros, sin ton ni son, las responsabilidades de cuanto te contraría o desagrada. Y que te contrarían y desagradan cosas en las que ni siquiera habías reparado hasta que tu entorno, quizá universitario, te ha explicado que son insoportables. Y que encuentras un cierto placer en compartir tu indignación, y que sientes un poco de frío interior si no lo haces.

Vine a contarte que identificas y señalas gratuitamente enemigos donde no sabes si los hay. Incluso donde sabes que no los hay, pero intuyes que son necesarios para que la rueda siga girando. Y que esa costumbre arbitraria e injusta puede instalarse dentro de ti para siempre con facilidad, pues tiene la virtud de confortarte de inmediato. Bajo el efecto de esa droga, llegas a interpretar como insultos hasta las oportunidades que se te ofrecen.

Vine a contarte que lanzas diatribas u opiniones rotundas con tono duro, a veces francamente agresivo, como resultado de tanto sentimiento de agravio inducido, sin comprender que esas opiniones no son tuyas, que no llegaste tú a ellas, que otros te están controlando con un mando a distancia para subir el volumen de su altavoz y promover intereses que te resultan del todo ajenos. Y que cuando dejes de estar tan enfadado y tan ofendido comprenderás que defiendes causas de las que solo manejas un esbozo, causas que no guardan relación con tu vida real.

Vine a contarte que nadie podría estar utilizándote así si no anduvieras siempre tan airado, si no impostaras convicciones en cuya elaboración no has participado, que no han sedimentado en tu interior; si suspendieras cautelarmente esa propensión a enfurecerte, y aun a apedrear ocasionalmente a funcionarios de uniforme que protegen nuestra seguridad, nuestros derechos y nuestras libertades a cambio de un salario ridículo. Los policías, métetelo en la cabeza, no son tus enemigos, sino tus protectores, y el día que los necesites estarán dispuestos a jugarse la integridad física por ti y por tu familia.

Vives fingiendo consternación por asuntos que de los que no posees ni un conocimiento aproximado. Constérnate al menos en el sentido correcto. ¿Cómo es posible que te pronunciaras contra la OTAN cuando Rusia invadió Ucrania? Aunque nadie más que tres colegas tuyos se enteraran, y estuvieran demasiado borrachos para atenderte, lo hiciste. ¿No te avergüenzas un poco? ¡Tú que eres todo solidaridad! Deja de hacer el ridículo, por el amor de Dios. Sé que luego lo lamentarás, aunque solo tú lo recuerdes. Yo mismo me manifesté contra la OTAN cuando Felipe González convocó el referéndum. Con más eco que tú: firmé un manifiesto de jóvenes socialistas contrario a la línea del partido que se publicó en la prensa nacional. Pero tú has caído más bajo, pues la repentina aversión a la organización, sobre la que nunca habías pronunciado una palabra, se despertó, precisamente, cuando Putin decidió agredir a Ucrania porque, en el uso de su soberanía, había solicitado incorporarse a la alianza militar.

Caes en todas las trampas. Te atrapan cada vez en sus redes de propaganda, como a un pececillo, los regímenes, organizaciones y grupos informales más perniciosos. Los que trabajan para desestabilizar, y eventualmente liquidar, el sistema más justo, más próspero, libre y solidario (de verdad, no de boquilla) que han conocido los tiempos: las democracias liberales dotadas de

Estados de bienestar. Tendremos que insistir en este hecho, en la naturaleza de lo que se está amenazando. No sabes lo destructivos que han demostrado ser tus marionetistas. Los ingentes recursos de quienes tan engañado te tienen y tan indignado te mantienen proceden de cleptocracias donde la corrupción es la norma, donde se asesina a periodistas críticos y a opositores. O de narcodictaduras que se valen de grupos paramilitares para matar manifestantes como el que caza conejos, donde se tortura de forma sistemática. O de una siniestra teocracia que cuelga y defenestra homosexuales, donde una policía religiosa acosa por la calle y encarcela a las mujeres sin velo, donde se trabaja para borrar del mapa a Israel, objetivo que manifiestan sin disimulo. Cuando conozcas la verdad sobre los financiadores de tu ira, cuando te enteres de sus antecedentes y de sus prácticas, te arrepentirás. Créeme. Trabajas gratis para los que más tienen que esconder, para los profesionales de la mentira, para los continuadores de una tradición monstruosa de desinformación. Sus intoxicaciones están minuciosamente diseñadas y profesionalmente difundidas. Poseen factorías de patrañas, empresas de distribución de bulos, y tú te los tragas todos. No pierdes ocasión de equivocarte.

Manifestarte contra la OTAN porque Rusia ha invadido Ucrania… O porque «ha tenido que invadir Ucrania», giro particularmente execrable. Unir tu voz al coro de los tontos útiles. Más bien inútiles porque tu voz es inaudible. No te endulzaré el bebedizo, necesitas saborearlo en todo su amargor. Como te aferres unos años más a esa colección de ideítas inducidas sin informarte sobre su origen y sus consecuencias en la historia —millones de cadáveres y décadas de sometimiento masivo—, difícilmente tendrás remedio. Salvo milagro o tardía epifanía. Te despreciaría si no me hubiera comportado de forma tan deplorable como tú cuando no sabía nada. Porque esto solo lo explica la ignorancia pretenciosa.

¿Podrías hablar cinco minutos de Rusia? Ahora mismo, sin consultar nada. ¿Un minuto de Ucrania? Tus fuentes de información son titulares sacados de las redes. Atrévete a asumir el coste de la suspensión cautelar que te propongo, acepta el frío, la soledad y hasta el aburrimiento que se padece al principio cuando uno abandona el rebaño. No te dejes secuestrar tan a menudo por la irritación, por la ofensa sin base, que siendo joven se traduce enseguida en agresividad, algo cualitativamente distinto a la vehemencia, aunque la frontera es fácil de traspasar cuando uno circula armado únicamente de fe en unas «ideas». ¡Fe en ideas! ¿No ves que ahí falla algo? ¿Qué ideas? Enunciados dicotómicos, simples y manufacturados, gominolas, píldoras propagandísticas que a tu vez distribuyes al por menor como un camello sentimental, sin tomarte la molestia de indagar sobre fabricante y calidad. Si las píldoras para indignarse y ofenderse procedieran en última instancia de teorías merecedoras de tal nombre, bucea al menos en la obra de quienes las alumbraron. Y también en las de sus detractores, que las han refutado minuciosamente. No hables más de oídas.

La persona que están haciendo acabará pronunciándose siempre como parte de algún colectivo, se limitará a engrosar una masa vociferante de furia fácil. Es un ser que no razona, que desconoce los matices, que no defiende postura alguna que haya salido de su caletre. Quizá salga de su corazón la necesidad de reafirmarse. Tu corazón, el mío, tienden a ajustarse al latido del grupo cuando existe proximidad física. Está en nuestra naturaleza, y tan curiosa experiencia vale la pena cuando asistimos a un concierto. Nuestros corazones se adaptan solos al ritmo que marcan el bajo y el bombo de la batería. Como audiencia, somos proclives a la unanimidad cordial. Y también como masa, cuando al repetir pareados chuscos a voz en grito nos acompasamos al tempo del portador del megáfono, con su tonema de parvulario.

Luego está la cadencia de los discursos, de las arengas, de valor bien conocido por los demagogos profesionales, capaces de operar similares reacciones cordiales. Las puras cadencias desnudas, haciendo abstracción del significado de las palabras pronunciadas, son mucho más poderosas de lo que crees. Apenas se les presta atención pese a desempeñar un papel principal en el juego de la persuasión. Es seducción ciega, es irracional aunque se presente bajo el disfraz de la ilación de razonamientos. Si se pone por escrito lo dicho y se lee después, comprendes que no vale nada, que se trata de una retahíla de afirmaciones cuya secuencia carece de lógica. ¡Con lo que nos había enardecido! Cuando se trata de dirigirse a las masas (también a las que no se ven porque están en sus casas frente a una pantalla), a menudo los defensores más eficaces de una causa adoptan sin darse cuenta las inflexiones características de su líder. Su musiquilla. Esto vale para cualquier causa dentro de una comunidad de hablantes concreta y en una época específica. Por eso nos parece inverosímil, escuchando hoy documentos sonoros antiguos, la atracción que ejercían sobre sus seguidores las soflamas de Mussolini o Hitler. Aquellos caían casi hipnotizados, en tanto que nosotros, ochenta o noventa años después, no llegamos a comprender que la audiencia no se riera con el primero y no despachara como un desequilibrado al segundo.

A cada época y a cada comunidad de hablantes, sus líderes populistas, sus demagogos y su musiquilla. Sigue siendo cierto, y siempre lo será, que las formas de cantar hablando se convierten en signos distintivos de pertenencia. ¿De verdad te contemplas sin sonrojo imitando el compás roto, el tono admonitorio, los tránsitos, las inflexiones, los latiguillos (que solo son sonido) o la administración de los silencios de otro? Porque en esas te vas a ver, si es que no te has visto ya. Así de domesticado estás. ¿Hay algo que admirar en esa faceta de la simpatía política, en ese mimetismo de los seguidores, en ese sectarismo interiorizado hasta la exhibición de una particular declamación? Va de suyo que la imitación del canto hablado, o del habla cantada, se aliña con un estrecho repertorio léxico, pero ¡tan conmovedor! Palabras fetiche. No importa mucho dónde vayan a caer las palabras mágicas. Su función es doble: exaltan a la audiencia y operan como señales de reconocimiento tribal. Cuando recurres a una palabra fetiche, ¿cabe interpretar algo diferente a una llamada de auxilio, un ruego de atención que dice «soy uno de los nuestros, tenedme por tal»? Estimado, los mensajes, aun errados, aun en serie, se pueden emitir de formas más nobles, menos ancilares, como por ejemplo argumentando, refutando con tino las ideas contrarias, ofreciendo razones que refuercen el ideario del grupo y que sean fruto de tu propia reflexión, generosas dádivas inmateriales salidas de tus incompletas lecturas y de su aceptable digestión. Al menos constará tu sello.

Adicto a los subidones que aportan las apelaciones a *lo justo;* enganchado ora a la adrenalina, ora a las endorfinas que te riegan por dentro cada vez que estableces lo admisible y lo inadmisible ante un público de cuatro personas; pillado por la barata, grata y alienante sensación de estar a favor o en contra de algo (pero, sobre todo, en contra de alguien), olvidas tu individualidad. Al punto de seguir comportándose y de seguir sintiendo, aun estando solo, como parte de una agrupación indefinida. Que sea más o menos multitudinaria es lo de menos. Mírate al espejo. Vistes uniforme sin saberlo.

Cuando termines de leer esta carta espero haberte demostrado que delegar en otros la criba de convicciones, principios y valores que han de regir tu vida y tus relaciones solo puede conducirte a una situación trágica o ridícula. No habrá un espacio decoroso al que puedas acogerte entre esos dos estados. Lo que sí hay son combinaciones, en proporciones variables según el daño que se te haya infligido: estados de tragedia ridícula y estados de ridiculez trágica. Escapa de ahí. Que la tragedia, si te alcanza, te coja entero y dueño de tu ser. Que la ridiculez, si en ella incurres, se diluya en el esplendor de la autoburla. Ríete de ti de vez en cuando. A ver si puedes. Un sectario acalorado es incapaz de realizar el ejercicio.

Guárdate de las perturbaciones anímicas cuando el motivo de la contrariedad o del júbilo no atañe a tu vida. No andes con jeremiadas ni con algarabías de celebración solo porque otros se suban a la atracción. Para ellos los vaivenes, la montaña rusa que nubla la vista. Tendrás de sobra con las perturbaciones justificadas. Los arrebatos inducidos de la juventud a menudo siguen molestando después por mor de esa pamplina según la cual cambiar de ideas es algo negativo. Un cuento chino. Cambiar de ideas a los veintitantos es lo natural. Quien lo censura confunde la coherencia con la contumacia en el error.

Sé coherente contigo más que fiel a unas u otras siglas, a este o aquel líder. Tu líder eres tú. Ante un partido, ante una organización reivindicativa o ante un dirigente político, pregúntate si lo que dicen y hacen está de acuerdo contigo. No te plantees si eres del partido XYZ; plantéate si XYZ es *de ti*. Dale la vuelta al calcetín de la afinidad política. Cuando por ello te acusen de «cambio de chaqueta» o de deslealtad, tienes razones sobradas para mirar con pena o desprecio —según te encuentres ese día— al acusador, pobre pelele. Una vez seas tu punto de referencia, las críticas no te rozarán. Estarás blindado. Pero nunca llegarás ahí con lagunas intelectuales en las materias de interés público.

Joven o no, te verás constreñido por lo que de ti puedan pensar o decir. Esa preocupación se presenta tanto si tu círculo es exclusivamente privado como si has adquirido alguna notoriedad pública. Observa Bertrand Russell:

Muy pocos pueden ser felices sin que aprueben su manera de vivir y su concepto del mundo las personas con quienes tienen relación social y muy especialmente las personas con quienes viven.

Merced a [...] diferencias de apreciación, una persona de determinados gustos y condiciones puede considerarse prácticamente como un descastado dentro de un cierto ambiente, y en otros ser admitido como un ser humano perfectamente natural. Muchas desgracias proceden de esto, especialmente entre los jóvenes. [...] Es fácil que al joven le parezca que el único medio en que se desenvuelve su vida sea representativo de todo el mundo. Apenas pueden creer que en un sitio distinto o entre gentes diferentes las ideas que no se atreven a expresar por miedo a que parezcan abominables se aceptarían como tópicos de nuestra época. Y así, por ignorancia del mundo se sufren molestias innecesarias, a veces en la juventud y a veces durante toda la vida. El aislamiento no es solo una fuente de dolor, sino que motiva una gran pérdida de energía en la tarea innecesaria de mantener la independencia mental frente a contornos hostiles, y en el noventa y nueve por ciento de los casos produce una cierta timidez al llevar las ideas a sus conclusiones lógicas.

Casi todo el mundo necesita para su felicidad un ambiente de simpatía. [...] Se saturan en su juventud de prejuicios corrientes y se adaptan por instinto a las ideas y a las costumbres que encuentran a su alrededor. Pero para una gran minoría, en la que figuran todos los que tienen algún mérito intelectual o artístico, esta actitud de aquiescencia es imposible.

En muchos casos, una timidez innecesaria aumenta las dificultades. La opinión pública es siempre más tiránica contra los que la temen manifiestamente que contra quienes se encuentran indiferentes para con ella. Un perro ladra más ruidosamente y muerde más pronto a los que le tienen miedo que a los que le tratan con desprecio, y al rebaño humano le ocurre algo parecido.[12]

Ya ves, querido, que lo mejor es despreciar al perro. Y que si cuentas con algún mérito intelectual o artístico no vas a poder tragar con los prejuicios o creencias del entorno cuando discrepas de ellas. De ahí mi llamada a prepararte para etapas de soledad, para la falta de ese «ambiente de simpatía» al que Russell alude y que «casi todo el mundo necesita para su felicidad». Si vales, estás condenado, casi con seguridad, a atravesar el desierto. Pero siguiendo tu camino pese a lo que piensen los tuyos (cautela comprensible) o a lo que digan los que te son ajenos (complejo a sacudirse), te beneficiarás del salvoconducto vital que proporciona la naturaleza humana, más proclive a ensañarse con los que temen al perro de la opinión ajena —de la opinión pública— que con quienes «la tratan con desprecio».

Esta constante, una y otra vez demostrada, casa mejor con las artes que con la política. De hecho, el artista que se distancia del público recibe a menudo un premio por ello. No pocas veces llega a insultarlo y este lo celebra. ¿Qué otra cosa es la obra *Mierda de artista* de Piero Manzoni, cuyo hallazgo tratan de repetir hasta hoy provocadores con y sin talento? Venga, corre a la Wikipedia. Allí te contarán que se trata de una «mordaz crítica del mercado del arte». En realidad, es un escupitajo en toda regla al público. Bien hecho. En el lado opuesto se sitúan los aduladores de la masa.

Sin perjuicio de que disfrutemos de su obra cuando es talentosa, los músicos y actores empeñados en recordarnos que están en el lado correcto resultan personalmente aborrecibles. Cuando el público aplaude sus frasecitas de momentáneo compromiso sin compromiso, o de antagonismo facilón, los espíritus libres les abucheamos por dentro, lo que, urbanidad mediante, se

---

12   Bertrand Russell, *La conquista de la felicidad*, Espasa Calpe, 1995

traduce en un silencio sepulcral y una inmovilidad estatuaria. Además de aborrecibles, esos tipos son muy útiles: al comulgar con todas las ruedas de molino del pensamiento dominante, nos orientan sobre la momentánea preeminencia de una causa fraccionaria dentro de la colección articulada que ostenta hoy la hegemonía cultural. Un día manifiestan, recogiendo algún premio, su honda preocupación por la emergencia climática. Al siguiente, se arrodillan en solidaridad con Black Lives Matter. Al otro lanzan un dardo contra una escritora feminista que advierte contra el borrado de la mujer por parte del nuevo *feminismo*. Estoy pensando en J. K. Rowling, autora de la saga *Harry Potter*, negada tres veces, tratada como apestada y linchada moralmente por actores que le deben su fortuna y su carrera.

Como te decía, más difícil aún es marcar distancias con el espíritu de los tiempos si uno se dedica a la política, eventualidad que quizá te esté esperando. Ah, amigo mío, sufrirás si es el caso. La lógica de las elecciones democráticas —por otra parte, una bendición— acaba imponiendo al político profesional un prudente silencio sobre causas fragmentarias populares de las que discrepa. Le acorralarán los compañeros, los asesores, le colocarán gráficas delante, mapas de posicionamiento, estudios de tendencias, resultados de *focus groups*. Y pasará una de estas tres cosas: que obedezca y se calle, lo cual es incompatible con la dignidad en ciertos casos; que desobedezca y hable, lo cual es incompatible con conservar su carrera política salvo que él mismo lidere el partido; que obedezca a medias, callando sobre temas demasiado incómodos que al fin y al cabo no son vitales, y dejando caer de vez en cuando su opinión particular sin que la sangre llegue al río.

He vivido estas restricciones como portavoz parlamentario. Por fortuna, compartía la mayor parte de criterios y posturas del partido porque participaba en su concepción. Si ocasionalmente discrepaba, seguía la tercera de las opciones citadas.

Cuando callaba o cuando despejaba el balón, es decir, cuando eludía responder abiertamente en las ruedas de prensa a las preguntas conflictivas, me decía: «No vas a afirmar algo en lo que no crees, pero tampoco tienes derecho a expresar opiniones personales discrepantes mientras actúas como portavoz de un grupo parlamentario». «Mientras» es la palabra clave. En las entrevistas personales hacía constar mi punto de vista. Intentando no dar una patada al que era mi partido. Pero lo hacía.

No me pongo como ejemplo. Solo te cuento una experiencia. La verdad es que la profesionalización de la política, que es inevitable, desconecta del mercado a muchas personas valiosas. Después de diez o quince años de ejercer de diputado, por ejemplo, es difícil que uno pueda ganarse la vida con su anterior profesión, salvo que sea funcionario y retome su plaza. Por eso los diputados en esa tesitura se la envainan con pasmosa facilidad, y donde dicen digo dirán Diego si la línea del partido vira. Aunque el giro sea de 180 grados. Además, lo harán encantados y a toda prisa por no ser los últimos en desmarcarse de lo hasta entonces defendido.

Vale todo lo anterior para políticos profesionales de partidos de la *centralidad,* sea esta de izquierdas o de derechas. Muchos cuadros de formaciones populistas nunca han sido viables en el mercado normal. Pero hay otro mercado, el de las buenas intenciones. Existe una industria atomizada de las causas fragmentarias, y también una especialidad: su articulación. Esta especialidad la consideran propia los partidos populistas de izquierdas. Es importante que las causas sigan separadas pero engarzadas. En una causa fragmentaria concreta cabe cualquiera que se sepa buscar la vida, aunque si esa causa es de cariz identitario, lo normal es que el activista posea la identidad en cuestión. Esto puede parecer una obviedad, pero verás más adelante por qué lo señalo. El sector está ahí y goza de una demanda extraordinaria. No esperes de él consecuciones efectivas y útiles. De hecho, el fruto deseado de las causas es el antagonismo social, no los logros concretos. Agudizar el antagonismo es su éxito, que se aplaque es un fracaso. Hay marcas corporativas y personales en ese ámbito. El personaje típico de tales entornos se parece, depurando algún rasgo de la época, al perfil que trazó Bertrand Russell en 1930. Él les atribuye manía persecutoria, pero eso es secundario. Dada tu extrema sensibilidad, podrías considerar las siguientes líneas algo despiadadas.

[Una] víctima de manía persecutoria que no escasea es cierto tipo de filántropo que está haciendo constantemente favores a las gentes contra su voluntad y se asombra y horroriza al ver que no se lo agradecen. Nuestros motivos para hacer el bien pocas veces son tan puros como suponemos. El afán de poder es insidioso, tiene muchos disfraces y suele ser con frecuencia un placer propio lo que obtenemos, al hacer lo que se nos figura el bien de los demás.[13]

Aquí viene lo que precisa contextualización. Una muy simple, tranquilo. La lección es valiosa y su alcance actual se ha ampliado. Ya no se trata solo de placeres, aunque también:

No es raro tampoco que aparezca otro elemento. «Hacer bien» a la gente consiste principalmente en privarles de algún placer: bebida, juego, ociosidad, etcétera. En este caso aparece un elemento que es típico de nuestra moralidad social y es la envidia a quienes pueden cometer faltas de las que nosotros debemos abstenernos si queremos que nuestros amigos nos respeten. Los que votan, por ejemplo, una ley para que no se fumen cigarrillos [...] son no fumadores para quienes el placer que otros obtienen del tabaco es una fuente de dolor.

En la alta política ocurre lo propio. El estadista que ha ido gradualmente concentrando el poder en su persona para poder realizar los altos y nobles propósitos que le decidieron

---

13   Ibíd.

a abandonar sus comodidades y a entrar en la arena de la vida pública, se asombra de la ingratitud de la gente cuando se vuelve contra él. No se le ocurre nunca que su intervención pudo haber tenido un motivo distinto del interés público o que el placer de figurar haya inspirado sus actividades. Las frases usuales en los discursos o en la prensa de partido se han convertido gradualmente para él en verdad y confunde la retórica del partido con el análisis genuino de motivos. Disgustado y desilusionado, se retira del mundo después de que el mundo se ha retirado de él.[14]

Ajusta el pasaje al mundo que tenemos delante, casi un siglo después de que Russell escribiera estos párrafos. Recuerda que los partidos populistas trabajan para romper con la democracia liberal aprovechando las garantías e instituciones propias de ese sistema. No olvides que en su interior encontrarás una colección de políticos profesionales (no estadistas) sin oficio ni beneficio. Políticos que no han abandonado ninguna comodidad para dedicarse al bien público (cierto o no) y que no se retirarán jamás voluntariamente por mucho que les desilusione la desafección de los supuestos beneficiarios de sus políticas. Hecho el ajuste, dejemos constancia de esta frase del mismo autor, que parece dirigida a ti: «Ten en cuenta que tus razones no son siempre tan altruistas como te parecen».

Lo que no pudo imaginar el coautor de los *Principia Mathematica* y premio Nobel de Literatura es que a la envidia —motivación común de muchas buenas causas sin incidencia positiva real— la acompañarían un siglo después la indignación moral y el sentimentalismo. Y que ese arrogarse virtudes que perjudican a los que se dice beneficiar ya no sería patrimonio exclusivo de los filántropos: estaría al alcance de cualquiera. Que Occidente se convertiría en una orgía de buenos sentimientos

---

14   Ibíd.

agresivos. Que los defectos que él detectó se inscribirían en un festival universal de perturbaciones emocionales.

Te contaré una anécdota. No pasaría yo de los trece o catorce años cuando un buen día, mientras jugaba a la pelota, la madre de un amiguito nos requirió para transportar un sofá que alguien había dejado tirado en la calle. Su hijo no tenía más remedio que obedecerla y yo no me atreví a esquivar la solicitud de una señora. Así me habían educado. De modo que, mientras el resto de chavales seguía chutando el balón, me vi cargando con un peso considerable a lo largo de unos doscientos metros. La mujer que nos había aguado la fiesta y puesto en peligro nuestra columna vertebral indicó el lugar donde debíamos dejar el viejo mueble: delante de un portal. Entró y subió a algún piso. Minutos después, bajó con una vecina: «¿No decías que no podías permitirte un sofá? ¡Pues aquí tienes uno! Yo lo veo en muy buen estado». La agraciada expresó su contento y nos marchamos. Mientras regresábamos al fútbol callejero, la madre del niño me comunicó que cuando alguien necesitaba algo siempre podía contar con ella. Que nunca fallaba a los necesitados porque ella era así. Así había nacido y nada podría cambiar su entrega al prójimo. Entonces, sucedió lo verdaderamente interesante: se echó a llorar conmovida por lo buena persona que era. El llanto fue a más, hubo hipo y hubo atragantamientos mientras reproducía el mismo mensaje de diferentes formas: «Lo que yo no arregle…». «Me quito la comida de la boca si hace falta cuando veo a alguien con necesidad». «Nunca pienso en mí, se me va la vida ayudando a los demás». Sus frases se entrecortaban por la incontenible llantina. Los lagrimones cubrían su rostro. Yo era un niño, podía haberme contagiado de su emoción desatada, o admirarla. Sin embargo, sentí una especie de asco, una repulsión indefinida hacia la mujer que se estaba canonizando ante la indiferencia absoluta de su hijo, acostumbrado sin duda a aquellas explosiones. Cuando ella callaba y me miraba, yo no sabía qué decir. No acudían en mi auxilio las palabras adecuadas. Asentía ligeramente y miraba mis botas mientras desandábamos el camino. Nunca lo he olvidado. El pasaje, que te puede parecer insignificante, y que quizá lo sea, se me quedó grabado a fuego. Entonces no pude elevar la anécdota a categoría. Simplemente, me produjo una mezcla de tristeza y repugnancia de una índole desconocida. Se lo conté a mis padres al llegar a casa y se echaron a reír. Como la risa es contagiosa, enseguida se borró la deplorable impresión que pesaba en mi alma infantil. Tiempo después se me ocurrió que lo acaecido era comparable a un vía crucis demoníaco donde el Redentor hubiera llamado a Simón *el Cirineo* de buen principio para hacerle cargar con la cruz todo el trayecto, hasta el Gólgota, dándole indicaciones. Prolongué la historia en mi imaginación con un Jesús imposible que convence a los romanos para que crucifiquen a Simón en vez de a él, y que luego explica en las tabernas de Jerusalén que, aunque sea simbólicamente, se ha sacrificado por la humanidad. «¿El Cirineo? Yo sí que tengo mérito». Cuando me libré de estas imágenes perturbadoras, empecé a fantasear con las respuestas que debí haber dado a la madre de mi amigo al interrumpir el juego. Por ejemplo: «¿Por qué no cargas tú el sofá?». O bien: «Que lo lleve tu marido comunista». Sí, el marido no solo era comunista; era un icono de la izquierda en la Barcelona del final del franquismo. Un gran tipo, por otra parte. Luego elaboraba las otras respuestas imaginarias, las que me instaba a darle cuando, deshecha en lágrimas por la impresión que le causaba su propia bondad, callaba y me miraba expectante. Las respuestas eran de este tenor: «Tú lo que eres es una sinvergüenza». «Nunca había visto a nadie tan ridículo como tú». «Tú pones la bondad y yo el trabajo». «Si tan solidaria eres, págame cincuenta pesetas». Etcétera. Con el tiempo llegué a comprender que la anécdota no me había afectado tanto por la caradura de la señora, sino porque su hipócrita enternecimiento simbolizaba algo que yo ya detectaba inconscientemente en el ambiente y que llegó a convertirse en un fenómeno global: era un caso de masturbación sentimental. Ella gozaba en 1974 o 1975 con un poderoso consolador intangible que hoy utilizan centenares de millones de personas. Un sucedáneo del orgullo que no precisa de fundamento. Que no tiene anclaje en la realidad y que debe de secuestrar el cerebro, desatar las hormonas, qué sé yo. Lo divertido del asunto es que el onanista político-social exhibe tal grado de ardor, se pone tan intenso que convence a los inadvertidos de su virtud. Cuanto más hipócrita sea, cuanto menos traduzca sus supuestos valores en hechos reales y cuanto más descaro ponga en su autobombo, más gente hallará dispuesta a creer que su perturbación es signo de sincero compromiso, de entrega a causas altruistas. Más le aplaudirán, más le admirarán y respetarán. Si el perturbado onanista es lo bastante canalla se subirá a estrados, escenarios y tribunas, agarrará el micrófono, multiplicará su placer a través del exhibicionismo y, encima, vivirá de ello. El sinsentido solo se explica en un ambiente de general perturbación. Como es natural, los nuevos benefactores de la nada, los solidarios con dinero o esfuerzo ajeno, no podrían masturbarse tanto en público padeciendo la cortedad de la madre de aquel niño. Este arte se ha sofisticado mucho. La pobre carecía de pericia, pero su torpeza no era un obstáculo en el ambiente en que se movía. Ella gozaba y los demás la tenían en alta consideración en su barrio. Hoy se requiere un aprendizaje, y aunque este suele adquirirse por imitación, como ya sabes, los mejores —es decir, los más falsos y mejor remunerados en el negocio de la solidaridad— se preparan a fondo. Escogen una causa y se especializan en ella. No lloran, aunque hay excepciones. Si sucede, jamás se les ocurrirá reconocer que les emociona su propia generosidad. La desesperación de algunos es un sector de negocio para otros. También están las causas que son falsas de cabo a rabo, y en tales casos nadie está desesperado. Lo que no es óbice para que los artistas más dotados convenzan a media humanidad de que esa desesperación existe.

Hoy, la pública adscripción de un personaje más o menos famoso a alguna de las causas fragmentarias que han sustituido a la cosmovisión socialista puede obedecer a motivaciones distintas. A saber:

Si el personaje se ha hecho rico con su trabajo y este se encuadra en lo que los periodistas llaman «el mundo de la cultura», se trata generalmente de una pura decisión de *marketing* estratégico que recibe el nombre técnico de posicionamiento. Haz la búsqueda tú mismo.

Si el personaje no se ha hecho rico con su trabajo, y este se encuadra en ese «mundo de la cultura», se trata de conseguir que le contraten más.

Si el personaje se ha hecho rico con un trabajo ajeno al «mundo de la cultura», no lo encontrarás fácilmente como abajo firmante de ningún manifiesto relacionado con las causas fragmentarias. Pero si lo encuentras, es que cree que se dedica a la cultura. Puede ser un cocinero célebre. Aquí también se trata de posicionamiento, aunque la eficacia de la operación es dudosa.

Si el personaje no se ha hecho rico y no pertenece al «mundo de la cultura», nadie le invitará a firmar ningún manifiesto ni a hablar en ningún acto. Sus intentos de asomar la cabeza solo impresionarán a su círculo más cercano y el resto no sabrá de su existencia, se ponga como se ponga.

Si el personaje es un profesional del activismo, entonces vive de la causa en cuestión y ello exige que se enseñe a menudo.

Si el personaje es un activista no profesional y pugna por enseñarse, entonces es que intenta convertirse en profesional de una de las causas y aspira a que se le vaya reconociendo para, eventualmente, vivir de ello.

Si el personaje es un político profesional de izquierdas, se sumará sucesivamente a esta y a aquella causa fragmentaria, y a otra más, y a otra. No olvides que esas causas *son* hoy la izquierda y que velar por su articulación es hoy hacer política de izquierdas. Estos tipos siguen, lo sepan o no, al posmarxista Ernesto Laclau, cuya lectura es imprescindible para entender lo que está sucediendo. Pronto te lo presentaré.

Si el personaje es un político profesional de derechas, también puede querer que se le vea defendiendo alguna o algunas de las causas. Como nadie le invitará a firmar un miserable manifiesto, ni a acudir a acto reivindicativo alguno, solo tiene dos vías para destacarse: incorporar causas fragmentarias a su discurso para complacer a quienes nunca le votarán, o presentarse en una manifestación, de donde posiblemente le echarán a patadas. ¿Qué obtiene? El favor de la prensa de izquierdas, culturalmente hegemónica, que al menos no lo maltratará.

La izquierda se dio cuenta hace mucho tiempo: las teorías de Karl Marx no funcionan. Sus sucesivas adaptaciones solo lo hicieron en la medida en que abandonaban las esencias. Fue un proceso gradual que ya conocerás en su día. Basté decir que siempre fue en la misma dirección de alejamiento. Cuando no era así, cuando se rescataban los dogmas primigenios, la posible utilidad se circunscribía al campo analítico. Hay un largo camino de ajustes hasta que los herederos del marxismo llegan a concebir esbozos de teorías —e incluso alguna teoría merecedora de tal nombre— despegadas de su origen. Aunque no desapegadas, pues lo simbólico es extraordinariamente poderoso. El posmarxismo es un tipo de ruptura que, bebiendo de lo marxista más que de lo marxiano —de las adaptaciones de Marx y Engels más que de estos— justifica nuevos planteamientos, estrategias y proyectos por el cambio de circunstancias. No creo equivocarme al afirmar que la justificación en el posmarxismo siempre remite, explícita o implícitamente, al incremento de la complejidad social.

Ante las evidentes pruebas de tal incremento, se fue asumiendo que la lucha de clases no es en realidad el motor de la historia. Y antes, que la teoría del valor trabajo no se sostenía. Y antes, que no había reducción al absurdo del capitalismo. Ni la conciencia está determinada por el ser social, ni hay ser social que valga, ni el esquema de clases con intereses contrapuestos produce ningún análisis serio. El concepto de clase social no es operativo en las sociedades avanzadas contemporáneas. Nada reconocible, movilizable o políticamente relevante hay detrás de él. Huelga decir que tampoco la propiedad estatal de los medios de producción ha generado nunca riqueza. Ni fueron los países más industrializados los que se decantaron hacia el comunismo, como se preveía, sino naciones eminentemente agrícolas. Este último es el fallo de predicción que más pronto se constató.

No hay fuerzas ciegas que avancen hacia ningún sitio a través de la historia. El historicismo marxista (como los demás) es una superstición, más elaborada pero igual de científica que la homeopatía. Porque, como deberías saber, Marx creía estar haciendo ciencia. En fin, no funciona nada, ni en la teoría ni en la práctica, aunque sigue siendo necesario conocer el marxismo, sus enfoques y adaptaciones, dado el papel que ha desempeñado en la historia. La izquierda leída es consciente de todo lo que te acabo de decir.

Sin embargo, las principales ideas del posmarxista argentino Ernesto Laclau y de su esposa, Chantal Mouffe, sí que funcionan. Por eso, es forzoso que te familiarices con su obra. No es posible exagerar la importancia de Laclau. La mayoría de las transformaciones políticas que detectamos en las democracias liberales, transformaciones que las tensan amenazando su naturaleza con una desvirtuación creciente, pueden interpretarse como un éxito de análisis y previsión de Laclau. También como un éxito estratégico, lo que es mucho más relevante.

Tendrás que leer su obra principal, pero aún no. Te perderías en la genealogía marxista de sus ideas centrales y se te resistirían las categorías de las que se vale.

Sin embargo, un conocimiento elemental de *Hegemonía y estrategia socialista* es inexcusable. Tuvo el mérito de anticipar, en 1985, la gran mutación occidental que empezaría a desplegarse a ojos vista, y del modo previsto, treinta años más tarde. Su lectura actual causa tal asombro que estamos inclinados a ver en él a un diseñador del futuro más que a un analista excelente que prevé tendencias. Teorizó sobre la hegemonía partiendo del marxismo y rompiendo con él. Formuló el modo de obtener dicha hegemonía el mismo año en que empezaba en la URSS la perestroika, cuando gobernaban Ronald Reagan y Margaret Thatcher. El modelo analítico y la estrategia que trazó para una izquierda en momentos bajos acabó, en efecto, materializándose en un desplazamiento de la hegemonía cultural que quizá no sea reversible. Sin embargo, revertirla es la única forma de salvar la democracia liberal. No sé si a su muerte en 2014 era consciente de que la nueva realidad en eclosión llevaba su marca. Seguramente no.

Más adelante nos referiremos a Antonio Gramsci y a su patronazgo en lo que llamamos guerra cultural. No es extraño que el decisivo giro en el enfoque marxista del italiano, que se fija en la hegemonía, sea el punto de partida de Laclau. Sin embargo, la diferencia principal queda establecida desde el principio:

> [El] pensamiento de Gramsci es solo un momento transicional en la deconstrucción del paradigma político esencialista del marxismo clásico. Porque para Gramsci, el núcleo de toda articulación hegemónica continúa siendo una clase social fundamental. Es aquí justamente donde la realidad de las sociedades industriales avanzadas —o postindustriales— nos

obliga a ir más allá de Gramsci y a deconstruir la noción misma de «clase social» [...][15]

A pesar de que el final del libro permite sospechar la existencia de objetivos ulteriores (y aun darlos por seguros, ya verás por qué), Laclau y Mouffe insisten en algo fundamental para entender la estrategia política de sus seguidores: la voluntad de:

Redefinir el proyecto socialista en términos de una radicalización de la democracia; es decir, como articulación de las luchas contra las diferentes formas de subordinación —de clase, de sexo, de raza, así como de aquellas otras a las que se oponen los movimientos ecológicos, antinucleares y antiinstitucionales—.[16]

La *deconstrucción* de la noción de clase social y la referencia a las formas de subordinación, en cuyas variedades insistirá, denotan el peso de Derrida y Foucault en el aparato teórico de Laclau. Por otra parte, nota que las formas de subordinación aparecen diferenciadas. Primero, cita las de clase, sexo y raza. Quizá porque estas dan pie a luchas o causas fragmentarias de cariz identitario. Aunque la de clase no lo sea en realidad, creo que para Laclau lo sigue siendo, lo que sería un indicio de que ha roto menos con Gramsci (y con Marx) de lo que cree. Como fuere, las luchas que cita después no son identitarias: ecologismo, antinucleares (que en la práctica se funden en la misma causa fragmentaria) y lucha antiinstitucional. Curiosa esta última en quien aparentemente solo propone la radicalización de la democracia, no su abolición. ¿O es que acaso la lucha antiinstitucional se habrá de detener en algún momento antes de arramblar con todo? Lo interesante es: que todas estas luchas o causas deben ser articuladas; que en su articulación

---

15   Ernesto Laclau y Chantal Mouffe, Prefacio a la edición española de *Hegemonía y estrategia socialista*, Siglo XXI, 1987 (El original es en inglés)

16   Ibíd.

consiste esa radicalización de la democracia; que tal radicalización redefine el socialismo. Propósito ambicioso, sin duda. Por eso exige realismo. Tanto como para reconocer que:

> El pensamiento de izquierda se encuentra hoy en una encrucijada. Las «evidencias» del pasado —las formas clásicas de análisis y cálculo político, la determinación de la naturaleza de las fuerzas en conflicto, el sentido mismo de las propias luchas y objetivos— aparecen seriamente cuestionados por una avalancha de transformaciones históricas que ha hecho estallar el terreno en el que aquellas se habían constituido.[17]

Quienes contemplan las causas fragmentarias que hoy concentran la atención y la preocupación públicas como luchas o empresas separadas desconocen el núcleo de la estrategia de Laclau: la articulación. Pasan por alto que la adscripción a cualquiera de ellas te encadena con todas las demás gracias a un proceso consciente y deliberado de radicalización de nuestro sistema liberal. Laclau no promueve esas causas: constata que existen y entiende que van a crecer en número y en fuerza. Lo que promueve es su articulación —un cambio de cometido del socialismo— para que la izquierda obtenga la hegemonía. Como así ha sido.

Los partidos de derechas deberían estudiar al profesor argentino con detenimiento si aspiran a enterarse de lo que les está pasando por encima, de la naturaleza profunda de aquello a lo que se van sumando alegremente, haciendo suyas una causa fragmentaria tras otra sin que, por supuesto, los impulsores de estas causas los hagan suyos. Los dueños de las causas nunca aceptarán —más que instrumental y temporalmente— la legitimidad de lo que democráticamente representan sus adversarios, que siempre serán considerados en el

---

17   Laclau y Mouffe, *Hegemonía y estrategia socialista*, Siglo XXI, 1987

fondo enemigos al ser el antagonismo ingrediente principal de la estrategia ganadora.

¿Por qué se van sumando los partidos de derechas a causas donde se les rechaza? Ahí reside el poder de atracción de lo hegemónico. Dicho de otro modo: la hegemonía es eso. Es lo que está en el aire, lo que conforma el *Zeitgeist*. Sin aceptar siquiera que está en guerra cultural (mira que es fácil: si te declaran la guerra, estás en guerra), la derecha cree que en algún momento será aceptada si cede lo bastante a las exigencias del contrario. Es incapaz de prever que la necesidad de antagonismo de la izquierda radicalizará las causas pacíficamente aceptadas y, además, generará nuevas causas de momento inaceptables. (Solo de momento).

Así, la derecha *de la centralidad,* que concibe la política como mera gestión, la de la búsqueda permanente de consensos más allá del fundamental —el que atañe a las reglas de juego—, dedicará más tiempo a desmarcarse de sus propios miembros renuentes a las causas fragmentarias que a polemizar con la izquierda en un debate abierto de ideas y visiones. Por no crispar, renuncia a explotar las flagrantes contradicciones y falsedades presentes en el mosaico de luchas de la izquierda, dejando el comprometido trabajo a los activistas disidentes. Por ejemplo, a Michael Shellenberger y a Bjørn Lomborg en materia de alarmismo climático, a Ayaan Hirsi Ali en materia de multiculturalismo, a Abigail Shrier si se trata de denunciar los estragos de la moda trans en las adolescentes, a Camille Paglia a la hora de enfrentarse al nuevo *feminismo*, o al mismísimo Noam Chomsky al rechazar la cancelación. Por lo visto, al condenar el regreso de la censura, Chomsky tiene más legitimidad para la derecha convencional de Occidente que toda ella junta. Con su pan se lo coman. Lo que más teme el político profesional de esa derecha es que lo estigmaticen. Como tampoco han leído a Russell, ignoran la conveniencia de mostrar desprecio al perro antes que miedo.

Si se dignaran conocer las ideas del adversario, si no eludieran la batalla cultural, si comprendieran que las ideas mueven el mundo, no les habrían arrebatado la hegemonía que poseían cuando Laclau escribió su obra. Una hegemonía que, además, se debería haber reforzado con el extravío sufrido por la izquierda al caer el comunismo.

Incluso los intelectuales más lúcidos que se alejaron de la izquierda, a los que no se engaña tan fácilmente, han contemplado la explosión de causas fragmentarias con un cierto asombro, la han visto como una especie de desorden y han buscado la explicación en la deriva de la academia. Esa explicación es cierta, pero incompleta. No previeron la gran operación política: la sustitución de la causa socialista por causas autónomas articuladas, con preeminencia de las identitarias. Se reconoce en ellos una cierta impotencia fatalista y una incomprensión de los mecanismos de articulación. Cuando a Alain Finkielkraut, con toda su agudeza, le dicen en 1999 que «el multiculturalismo es, en primer lugar, el rechazo de la homogeneización, la atención a las identidades periféricas, las tradiciones minoritarias, las herencias amenazadas», no puede tomar perspectiva ni situar el fenómeno dentro de un contexto general que desborde las premisas de su interlocutor. Lo que hace es lamentarse con leve ironía y achacar la transformación a las universidades:

Rehabilitación espectacular [la de las identidades periféricas, las tradiciones minoritarias...], en efecto. Y una rehabilitación que, en los Estados Unidos, está desembocando en una verdadera recomposición del mapa de los saberes. Hoy el multiculturalismo no es solo una tendencia o una teoría, es ya una taxonomía. [...] Las ciencias sociales clásicas dejan progresivamente paso a esos irresistibles *studies* que no se diferencian ya por su acercamiento histórico, antropológico, sociológico o psicológico a los fenómenos humanos, sino por su objeto: los *Women Studies*, los *African American Studies*, los *Native American Studies*, los *Asian Studies*, los *Gay and*

Lesbian Studies, etcétera. El objeto es en estas obras también el sujeto del discurso. La ambición de las materias engendradas por el multiculturalismo no es tanto abrir la investigación sobre territorios inexplorados como hacer temblar el suelo de nuestro pensamiento.[18]

Esa mezcla de asombro, ironía, pesar, constatación inerme ante algo tan grave (dice que tiembla el suelo de nuestro pensamiento, del pensamiento occidental) era lógica cuando acababa el siglo xx. Además, su observación sobre la identidad de objeto y sujeto en los *studies* es inteligente y certera. Si no, no sería Finkielkraut. Hasta 2015, es comprensible que se les escape la integridad del fenómeno, si me apuras. Más difícil de comprender resulta que la intelectualidad ajena a la izquierda siga reaccionando a estas alturas como si no hubiera habido una guerra por la hegemonía cultural en muchos frentes, como si esa guerra no la hubiera ganado ya la nueva izquierda, y como si plantearse la reconquista de la hegemonía a fin de conservar la democracia liberal (no a fin de que la hegemonía pase a la derecha) fuera una excentricidad o un inadecuado afán de polarización política. Mi aplauso a Laclau; reconozcamos que no solo trazó el plan hacia la victoria, sino que, además, lo hizo de tal modo que los derrotados ni siquiera se dieron cuenta de que lo eran. He aquí el núcleo, no precisamente obvio, de ese plan:

> [El] concepto de hegemonía supone un campo teórico dominado por la categoría de articulación. Y esta supone la posibilidad de especificar separadamente la identidad de los elementos articulados [...][19]

Los elementos articulados, no hace falta decirlo, son lo que aquí hemos llamado causas fragmentarias. Así pues: identidad separada y articulación, con esta última dominando el campo

18   Alain Finkielkraut, *La ingratitud*, Anagrama, 2001

19   Laclau y Mouffe, *op. cit.*

teórico que surge del concepto de hegemonía. ¿Me sigues? Venga, vuelve a leerlo. Te espero.

La lógica relacional de estas categorías es práctica:

Un conjunto de elementos aparecen fragmentados o dispersos solo desde el punto de vista de un discurso que postule la unidad entre los mismos. Obviamente, no es posible hablar de fragmentación, ni siquiera especificar elementos, desde el exterior de toda formación discursiva. Pero una estructura discursiva no es una entidad meramente «cognoscitiva» o «contemplativa»; es una práctica articulatoria que constituye y organiza a las relaciones sociales [...][20]

Por eso, la articulación de Laclau acaba definiéndose así:

[Llamaremos] articulación a toda práctica que establece una relación tal entre elementos, que la identidad de estos resulta modificada como resultado de esa práctica. A la totalidad estructurada resultante de la práctica articulatoria la llamaremos discurso.[21]

La identidad de las causas cambia pues mediante la práctica de la articulación, y el discurso que las incluye a todas resulta de articularlas y constituye una «totalidad estructurada». Quizá todo esto te extrañe por el concepto que manejamos de *discurso*. Pero es que aquí:

Debemos rechazar el carácter mental del discurso. Frente a esto, afirmaremos el carácter material de toda estructura discursiva. [...] La teoría de los actos de lenguaje, por ejemplo, ha subrayado el carácter performativo de los mismos.[22]

Es raro. Se diría que Laclau atribuye a todo discurso carácter performativo, esto es, la propiedad de hacer al hablar,

---

20   Ibíd.

21   Ibíd.

22   Ibíd.

de realizar al enunciar. Otra forma de entenderlo, que prefiero, es que él solo considera discurso (o estructura discursiva) al que tiene carácter material, aunque lo que eso signifique en rigor solo podamos intuirlo por la invocación de la teoría de los actos del lenguaje. Sin embargo, para esa teoría no todas las emisiones son *realizativas*. No importa. Lo sustancial es constatar que Laclau levantó una teoría dirigida a cambiar la realidad, más allá de la jerga del autor, tributaria de otras jergas y de otros autores, pero original y poderosa en su uso político. A fin de cuentas, es una constante del pensamiento posmoderno el recurso a la lingüística, y sea o no posmoderno el autor argentino, asunto sometido a discusión, está fuera de duda que se vale profusamente de autores incardinados en ese pensamiento. No puedo despachar esto sin informarte de que el padre de la lingüística moderna, Ferdinand de Saussure, no validó el uso de las nociones y categorías de su disciplina en áreas diferentes a la suya propia. Si se levantara de la tumba y visitara una buena librería volvería a morir de la impresión.

¿Te queda alguna duda sobre lo de obtener la hegemonía a partir de causas diferentes? Despéjala con esto:

La autonomía, lejos de ser incompatible con la hegemonía, es una forma de construcción hegemónica [...]

La cuestión de una hegemonía que vendría a amenazar la autonomía de ciertos movimientos es, por tanto, un problema mal planteado. En rigor, esta incompatibilidad solo existiría si los movimientos sociales fueran mónadas, desconectadas las unas de las otras; pero si, por el contrario, cada uno de ellos tiene una identidad nunca definitivamente adquirida, no puede ser indiferente a lo que pase fuera de sí.[23]

---

23   Ibíd.

Aquí la clave está en que los movimientos, luchas o causas en los que está pensando, que son los mismos en que estamos pensando tú y yo, tienen identidades «nunca definitivamente adquiridas». Qué conveniente. Lo digo sin segundas. En realidad es de una lucidez pasmosa. Ha comprendido perfectamente la naturaleza de aquellos elementos que, articulados, van a seguir mutando, lo que promete un movimiento incesante *hacia delante* (es un decir), que es justamente lo que va a mantener la hegemonía en manos de los articuladores, pues las luchas de su lucha (la radicalización de la democracia) siempre tendrán objetivos nuevos:

> Las reivindicaciones socialistas deben ser vistas [...] como un momento interior a la revolución democrática, y solo son inteligibles a partir de la lógica equivalencial que esta última instaura. Y los efectos de irradiación se multiplicarán en una variedad siempre creciente de direcciones. En el caso del feminismo, se trató en un primer tiempo de hacer acceder a las mujeres a los derechos políticos; más tarde, a la igualdad económica; hasta llegar al feminismo presente, que exigirá la igualdad en otros numerosos dominios.[24]

Dejando aparte que ese feminismo ya ha sido desbordado al ampliarse la categoría de mujer, o al poder accederse a ella mediante meras declaraciones (performativas), son considerables las ventajas para la izquierda de que el socialismo se haya convertido en esto. Con el bagaje anterior no iban a ir muy lejos:

> [La] formación hegemónica tal como la hemos concebido no puede ser reconducida a la lógica específica de una fuerza social única. Todo bloque histórico —o formación hegemónica— se construye a través de la regularidad en la dispersión, y esta dispersión incluye una proliferación de elementos muy

---

24   Ibíd.

diversos: sistemas de diferencias que definen parcialmente identidades relacionales.[25]

Existe la remota posibilidad de que no acabes de identificar los elementos autónomos de Laclau con las causas fragmentarias que nos han ocupado y nos van a seguir ocupando. Si es así, deja de dudar con lo que sigue, a la vez que te maravillas con la serie de luchas que recita (recuerda que esto se escribió en 1985):

> El término poco satisfactorio de «nuevos movimientos sociales» amalgama una serie de luchas muy diversas: urbanas, ecológicas, antiautoritarias, antiinstitucionales, feministas, antirracistas, de minorías étnicas, regionales o sexuales. El común denominador de todas ellas sería su diferenciación respecto a las luchas obreras, consideradas como luchas «de clase». Es inútil insistir en el carácter problemático de esta última noción, resultante, a su vez, de amalgamar una serie de luchas muy diferentes que tienen lugar al nivel de las relaciones de producción, y a las que se separa de los «nuevos antagonismos» por razones que dejan traslucir —demasiado claramente— la persistencia de un discurso fundado en el estatus privilegiado de las «clases». Lo que nos interesa de estos nuevos movimientos sociales no es, por tanto, su arbitraria agrupación en una categoría que los opondría a los de clase, sino la novedad de los mismos, en tanto que a través de ellos se articula esa rápida difusión de la conflictualidad social a relaciones más y más numerosas, que es hoy día característica de las sociedades industriales avanzadas.[26]

¿Te has quedado con lo del interés en la rápida difusión de la conflictualidad? Bien. Cada causa fragmentaria se fragmenta a su vez gracias a la adición de nuevos antagonismos

---

25 Ibíd.

26 Ibíd.

bajo la etiqueta principal. Aquí nos ofrece el ejemplo del feminismo y el ecologismo, con la perspicaz advertencia de que algunas de las formas adoptadas por la causa de turno saldrán reaccionarias:

> El feminismo o la ecología, por ejemplo, existen bajo múltiples formas, que dependen del modo en que el antagonismo es discursivamente constituido. Tenemos así un feminismo radical que ataca al hombre en cuanto tal; un feminismo de la diferencia, que intenta revalorizar la «feminidad»; un feminismo marxista para el cual el enemigo fundamental es el capitalismo considerado como indisolublemente unido al patriarcado. Hay, por tanto, una pluralidad de formas discursivas de construir un antagonismo a partir de los diversos modos de subordinación de la mujer. La ecología, del mismo modo, puede ser anticapitalista, antiindustrial, autoritaria, libertaria, socialista, reaccionaria, etc. Las formas de articulación de un antagonismo, por tanto, lejos de estar predeterminadas, son la resultante de una lucha hegemónica. Esta afirmación tiene consecuencias importantes, ya que implica que estas nuevas luchas no tienen necesariamente un carácter progresivo, y que es por tanto un error pensar, como muchos lo hacen, que se sitúan espontáneamente en el contexto de una política de izquierda.[27]

Y entonces, ¿qué? Entonces es imperativo tener claro que:

> Una alternativa de izquierda solo puede consistir en la construcción de un sistema de equivalencias distintas, que establezca la división social sobre una base diferente [...]

El afianzamiento de luchas democráticas específicas requiere, por tanto, la expansión de cadenas de equivalencia que abarquen a otras luchas. La articulación equivalencial entre antirracismo, antisexismo y anticapitalismo, por ejemplo, requiere

---

27   Ibíd.

una construcción hegemónica que, en ciertas condiciones, puede ser condición de consolidación de cada una de estas luchas. La lógica de la equivalencia, por tanto, llevada a sus últimos extremos, implicaría la disolución de la autonomía de los espacios en los que cada una de estas luchas se constituye no necesariamente porque algunas de ellas pasarán a estar subordinadas a las otras, sino porque todas ellas habrían, en rigor, llegado a ser símbolos equivalentes de una lucha única e indivisible.[28]

Parece que la hegemonía se obtiene articulando luchas y, obtenida aquella, se puede *expandir la cadena de equivalencias*. Sin embargo, pronto aparece la gran diferencia del proyecto de Laclau con las propuestas antidemocráticas o totalistas, puesto que:

> *La tarea de la izquierda no puede [...] consistir en renegar de la ideología liberal-democrá*tica, *sino al contrario, en profundizarla y expandirla en la dirección de una democracia radicalizada y plural [...]*

No es el liberalismo en cuanto tal el que debe ser puesto en cuestión, ya que en tanto que principio ético que defiende la libertad del individuo para realizar sus capacidades humanas, está hoy día más vigente que nunca. Pero si esta dimensión de libertad es constitutiva de todo proyecto democrático y emancipatorio, ella no debe conducirnos, como reacción frente a ciertos excesos «totalistas», a volver pura y simplemente a la defensa del individualismo «burgués». De lo que se trata es de la producción de otro individuo, un individuo que ya no sea más construido a partir de la matriz del individualismo posesivo.[29]

Se nos enciende la luz roja y se nos disparan las sirenas. Como reacción a ciertos excesos «totalistas» (¿cuáles en una

---

28 Ibíd.

29 Ibíd.

democracia liberal?), Laclau postula la creación de otro individuo, pretensión típicamente totalitaria y particularmente marxista. El cariz que toma el libro al final es lo que debe preocuparnos. La radicalización de la democracia, ¿qué perseguía? ¿No serán los mismos objetivos que conocemos de sobra por autores marxistas sin el prefijo *post?* Importa saberlo, pues el coste habrá sido —está siendo— la intensificación de los antagonismos sociales y su multiplicación. Es de valorar que afirme no poner en cuestión el liberalismo, pero, a la vista de las conclusiones, se diría que la democracia liberal queda traspasada, *superada,* desvirtuada y rota. Treinta y siete años después de publicado *Hegemonía y estrategia socialista,* podemos constatar cómo principios inseparables del sistema que Laclau dice querer preservar son seriamente cuestionados o flagrantemente borrados en la práctica, como la libertad de expresión, la igualdad ante la ley o el peso de la prueba. Y todo como resultado de un proceso que coincide milimétricamente con lo que el autor y su esposa previeron o diseñaron.

Nuestra preocupación no se diluye precisamente cuando leemos que «ningún proyecto hegemónico puede basarse exclusivamente en una lógica democrática», que la suya es una «estrategia de construcción de un nuevo orden», o, lo que es peor, que:

> Sin «utopía», sin posibilidad de negar a un cierto orden más allá de lo que es posible cuestionarlo en los hechos, no hay posibilidad alguna de constitución de un imaginario radical-democrático o de ningún otro tipo. La presencia de este imaginario como conjunto de significaciones simbólicas que totalizan en tanto negatividad un cierto orden social, es absolutamente necesaria para la constitución de todo pensamiento de izquierda.[30]

---

30   Ibíd.

Por desgracia, muchacho, la utopía es un artefacto peligroso. En tu mente la palabra suena bien. Ya te he exigido bastante con la aproximación elemental a Laclau, así que no te voy a contar los usos dados a la utopía desde que Tomás Moro publicara su obra con ese título, dando pie a una tradición de propuestas políticas que ignoran la naturaleza humana. Ya leerás *Los enemigos del comercio* de Antonio Escohotado.

A nuestros efectos me basta con apostillar al espléndido cantante y compositor Joan Manuel Serrat, a quien tantos placeres debo. Tiene disco y canción con ese mismo nombre del lugar que no existe: «¡Ay! Utopía, / incorregible / que no tiene bastante con lo posible». En política, no tener bastante con lo posible [en sentido estricto] acaba en matanzas y en hambrunas. «¡Ay! Utopía, / cómo te quiero / porque les alborotas el gallinero». Sí, por qué no, ¡que se alborote el gallinero! Ese «les» es un leve guiño antagonista del cantautor, muy leve. A sus canciones no les hacen ningún bien esos guiños. Supongo que lo sabe, pero le faltaría una sílaba para esa nota. Podría haber recurrido a un melisma. Como fuere, Laclau no está en la utopía de los poetas, sino en la de los ideólogos políticos. La falta de realismo en política es pura insensatez. Lleva a martillear, mutilar y fracturar la sociedad hasta que quepa en el molde imposible. No se te escaparán las consecuencias de defender la utopía en la teoría política, como hace Laclau, para que salte a la política práctica. Y si se te escapan es que has leído menos de lo que esperaba. Guárdate de las utopías como de la peste. Jueguen a las fantasías los trovadores.

Causitas. Cuando redacto estas líneas se acaban de aprobar en España los currículos de la educación primaria y secundaria. Las tendencias que se detectan son el eco del espíritu de los tiempos en su versión más chusca, lo que resulta doblemente lamentable dado el ámbito al que nos referimos. Pero también están relacionadas con la actual presencia en el Gobierno de varios ministros inmersos en la estrategia de Laclau. Conscientemente inmersos. Los otros miembros del Consejo de ministros, del Partido Socialista, no están menos inmersos, solo que en su caso no lo saben. Digamos que surfean la ola.

En primaria, el Gobierno de izquierdas ha dispuesto que las matemáticas tendrán un sentido «socioafectivo» para «ayudar a los alumnos a gestionar sus sentimientos». Si no se libran las matemáticas de lo sentimental, nada se librará. ¿Cómo te hace sentir la división? Mal, dividir es malo, lo mejor es sumar. ¿Será algo así?

En Lengua desaparecen de forma aparentemente arbitraria contenidos como los números romanos, la regla de tres, las conjugaciones verbales y los dictados. ¿Por qué? Los análisis morfosintácticos, cuya lógica y práctica me resultaron de gran utilidad en la escuela y los mantengo frescos, se van asimismo por el desagüe, en tanto que se potencia «el compromiso de los alumnos con el desarrollo sostenible, la defensa de los derechos humanos y la convivencia igualitaria, inclusiva, pacífica y democrática». ¿Por qué en Lengua? ¿Se han equivocado de materia los redactores del ministerio? Por supuesto que no. Sospecho que la convivencia igualitaria exigirá normalizar el desdoblamiento del lenguaje y la convivencia inclusiva la invención de pronombres. De qué modo se potencie en clase de Lengua el compromiso con el desarrollo sostenible o con la convivencia pacífica es algo que ahora mismo escapa a mi imaginación.

En el nuevo currículo de secundaria (de 12 a 16 años), la cosa empeora. No hay límite de suspensos para pasar de curso. Se elimina la asignatura de Filosofía y la enseñanza cronológica en Historia. ¿Qué significa esto? Que se estudiará la historia en bloques temáticos como «la desigualdad social y la disputa por el poder» o la «marginación, segregación, control y sumisión en la historia de la Humanidad».

El Gobierno asume que el sistema de prejuicios desde el que sus miembros hablan y actúan, desde el que se forman su discurso y sus políticas, es conocimiento. O, al menos, que el conocimiento se tiene que transmitir a través de su sistema de prejuicios ideológicos. Por eso, las diversas *luchas* se cuelan en los programas educativos informando el aprendizaje de todas las materias. Tan persuadidos están de que los contenidos de una asignatura como Lengua deben potenciar el compromiso de los más pequeños con el pacifismo o con el desarrollo sostenible —comporte eso lo que comporte— que la necesidad les parece autoevidente, aunque no lo sea para nadie más. Para nadie que no esté embebido de sus premisas ideológicas. Puedes estar seguro de que les causa extrañeza nuestra extrañeza.

La naturalidad con que lo ideológico se impone a lo didáctico nos habla de una sectarización avanzada en la política y en la docencia. Los gobernantes occidentales de la nueva izquierda saben, por sus viejas lecturas de Louis Althusser, o bien de oídas, que la educación es uno de los más poderosos aparatos ideológicos del Estado, si no el más poderoso. En vez de tomar responsable conciencia de ello, que sería lo suyo, les falta tiempo para colocar el aparato a su servicio, a pleno rendimiento. Ya lograron hace mucho que la profesión de maestro de primaria, de secundaria y de profesor universitario fuera haciéndose *propia* de los afines a su ideología, incorporando la visión historicista de tipo marxista a sus enseñanzas de humanidades desde los primeros años. La actual es una operación similar, pero situada en el marco de la nueva hegemonía. Se trata por consiguiente de introducir todas las causas fraccionarias en todas las asignaturas. Ninguna se libra del paquete entero de elementos que los hegemones articulan y concatenan según la lógica de la equivalencia que ya conoces.

Impulsar esos objetivos desde la educación es pura ingeniería social del tipo más intrusivo. La que se mete en la conciencia de los educandos para que en un futuro próximo nadie sea capaz de discutir su visión del mundo. Qué es, en qué consiste, o qué tipo de políticas exige el desarrollo sostenible es algo que está sujeto a discusión entre especialistas de diferentes disciplinas. Pero los pequeñuelos tendrán claro el catecismo ecológico (y tendrán pesadillas con el cataclismo ecológico) porque se lo habrá repetido convenientemente el maestro de Lengua, el de Matemáticas lo habrá sentimentalizado a través del enunciado de los ejercicios y el de Educación Física lo habrá convertido en reflejo condicionado. Sí, seguro que la Educación Física también desempeña su papel en esta variedad de la ingeniería social. Todos deben empujar en la misma dirección. Las manualidades o el dibujo no se librarán. Cuando crezca, al niño así adoctrinado se ofenderá si le ponen delante, por ejemplo, los datos que difunde Michael Shellenberger. El solo título de su libro *No hay apocalipsis* le hará merecedor de censura. El mundo tiene que temer el apocalipsis climático, que está al caer y que traerá la destrucción del planeta y el fin de la vida. ¡Hay que actuar ya; mañana, será tarde! ¡Cueste lo que cueste!

Citando un estudio de 2018, Shellenberger afirma que:

Las políticas de cambio climático [tienen] más probabilidades de dañar la producción de alimentos y empeorar el nivel de pobreza rural que el cambio climático en sí mismo. La «políticas climáticas» a las que se refieren los autores [del estudio] son las que encarecerían la energía y darían lugar a un mayor uso de la bioenergía (la quema de biocombustibles y biomasa), lo que a su vez aumentaría la escasez de tierra y el coste de los alimentos. El IPCC [Grupo Intergubernamental de Expertos sobre el Cambio Climático] llega a esa misma conclusión.[31]

---

31   Michael Shellenberger, *No hay Apocalipsis. Por qué el alarmismo medioambiente nos perjudica a todos*, Deusto, 2021

Cuatro años después de dicho estudio, cuando te escribo, Alemania, pionera del movimiento verde, se ha convertido en el principal emisor de CO_2 de Europa. El país viene desmontando sus centrales nucleares desde 2011. Hoy permanecen operativas tres. Cuando me leas, quizá no quede ninguna. Las mismas organizaciones que han liderado el alarmismo climático encabezaron el movimiento antinuclear y siguen en sus trece. Pero ahora, la energía nuclear es «verde» según la nueva calificación de la Unión Europea, pues no emite gases de efecto invernadero y no contribuye al calentamiento. Nunca ha contribuido, lo que no es óbice para que se la metiera en el mismo saco de fuentes indeseables gracias a enormes campañas cuya financiación habrá que investigar algún día. Alemania intentó arrastrar a todo el continente (afortunadamente sin éxito) a seguir su ejemplo con un plan de cierre de todas las plantas nucleares. Ahora tiene que recurrir al carbón, superando hace poco a Polonia en la emisión de gases de efecto invernadero. Así que, en efecto, las políticas impulsadas por el ecologismo alarmista no solo han encarecido la energía, sino que han acabado obteniendo lo contrario de lo que se proponían. No creas que esto ha hecho cambiar de opinión a las ONG, a la industria de la desesperación apocalíptica, en cuanto a la energía nuclear. Pero, como te señalé, con las nuevas circunstancias geopolíticas soplan vientos de realismo. Incluso tú los has notado, imagínate el nuevo canciller alemán. Que el realista sea socialdemócrata y gobierne con los verdes, mientras que la culpable de la dependencia energética alemana de Rusia fuera de derechas, es solo una ironía del destino. Angela Merkel se tragó varias causas fragmentarias de la izquierda posmoderna con sorprendente apetito. Olaf Scholz, sin embargo, se encontró poco después de llegar al cargo con la guerra de agresión rusa contra Ucrania. Resulta que Putin, el hombre en quien Merkel había confiado tanto como para poner el futuro energético del país que dirigía en sus manos, era un psicópata expansionista a la vieja usanza. Pero antes de convertirse en un criminal de guerra había enseñado la patita asesinando a periodistas, opositores y empresarios incómodos. También, interfiriendo con sus fábricas de *bots* en elecciones extranjeras, en el proceso del Brexit y en la intentona secesionista de Cataluña. Todo con el fin de desestabilizar las democracias liberales. Es extraño que Merkel, la gran estadista, siguiera confiando en él, ¿no te parece?

La realidad se acaba imponiendo. Quizá sea esa la única ventaja con que contemos en la guerra cultural. Y a lo mejor es suficiente. Hay que esgrimir hechos y hay que exigir hechos, resultados, a quienes solo ofrecen gritos y gritos, eslóganes, sentimentalismo a raudales y la estigmatización de quien no compre ciegamente su mercancía: «¡Negacionista!». Siguiendo con el milenarismo climático, una cosa es lo que saben y discuten los especialistas y otra muy distinta la forma escogida para concienciar al mundo de la conveniencia de la descarbonización.

El ambientalista danés Bjørn Lomborg, autor de *El ecologista escéptico*,[32] critica año tras año un ritual, un típico gesto de compromiso simbólico que conforta a todos los concienciados del mundo sin conseguir nada real: la Hora del Planeta. Una hora al año con la luz y los electrodomésticos apagados. Qué hermoso, ¿verdad?

> La Hora del Planeta se anuncia como una campaña fundamental para permitir que los autoproclamados ciudadanos del mundo demuestren su compromiso con las cuestiones ecológicas. Más de mil millones de personas participan y están, sin duda, genuinamente preocupadas y comprometidas. Desafortunadamente, La Hora del Planeta no es más

---

32   Espasa, 2003

que un ineficaz evento que solo nos hace sentir bien con nosotros mismos. Nos hace pensar que estamos haciendo algo por el clima, al tiempo que nos distrae de los problemas y las soluciones reales. Si todas las luces apagadas fueran convertidas en reducción de emisiones, no sumarían demasiado. Probablemente, equivaldría a la interrupción de las emisiones de CO_2 de China durante menos de cuatro minutos. Pero esto no es realista, ya que en el mundo real las plantas generadoras de energía siguen funcionando para adaptarse al consumo de energía de todos los otros usos y al posible pico de tensión después de finalizada la hora de apagón. El sector eléctrico piensa que la reducción neta es cercana a cero. Y esto sin considerar que, a cambio, casi todos los participantes encienden velas. Pero las velas son casi 100 veces menos eficientes que las bombillas incandescentes, y más de 300 veces menos eficientes que las luces fluorescentes. Encienda una vela y emitirá tanto CO_2 como el que estaba ahorrando, pero apagando sus lámparas. Encienda un montón de velas y habrá emitido mucho más CO_2. Así que La Hora del Planeta en realidad podría aumentar las emisiones de CO_2.[33]

Pero a quién le importa la realidad cuando podemos sentirnos héroes celebrando, velitas en alto, lo buenos tipos que somos. Los hegemónicos no tienen la menor intención de presentar los datos fríos y rigurosos del asunto climático porque desprecian a la gente en cuyo nombre hablan sin título. Fíjate: la gente por aquí, la gente por allá. Sin embargo, evitan hablar de «el pueblo», sujeto soberano de cualquier democracia liberal. De este modo, pueden presentar a las minorías como mayorías, truco que se remonta a Lenin: la minoría del Partido Obrero Socialdemócrata de Rusia llamó a sus componentes *bolcheviques*, que significa «miembro de la mayoría», y a la verdadera

---

33   Bjørn Lomborg, *El mensaje equivocado*, El País, 29 de marzo de 2014

mayoría los llamó *mencheviques*, que significa «miembro de la minoría». Truco fácil, dirás. Pero efectivo.

Como desprecian a la gente, la prefieren muerta de miedo antes que informada. El miedo es mucho más útil políticamente, mientras que informando sin sesgos no hay modo de encender una lucha similar a la que agita como espantajo nada menos que el fin del mundo. Y de repente apareció Hans Rosling.

Rosling fue el impulsor, junto con algunos de sus familiares, de un sistema de gráfico de «burbujas» que facilita enormemente la comprensión de las tendencias globales. Escribió una obra admirable dedicada a denunciar las distintas distorsiones que se usan en el periodismo, y en otros ámbitos, para falsear datos haciéndoles decir algo muy diferente de lo que dicen y, en no pocas ocasiones, lo contrario. Pero sobre todo se dedicó a presentar los datos claros, comprensibles, despojados de trampas estadísticas, titulares sentimentales y sesgos ideológicos, sobre asuntos tan relevantes como el crecimiento demográfico o la pobreza. Quedó patente que la opinión pública mundial tenía una visión injustificadamente pesimista sobre casi todo. Es impresionante y significativo este pasaje:

«¡Tenemos que provocar miedo!». Eso es lo que me dijo Al Gore al inicio de nuestra primera conversación sobre cómo concienciar a la gente sobre el cambio climático. Era el año 2009 y estábamos entre bastidores en una charla TED en Los Ángeles. Al Gore me pidió que le ayudase y utilizase los gráficos de burbujas de Gapminder para mostrar las peores consecuencias del continuo aumento de las emisiones de CO_2.

En aquel momento, yo sentía un enorme respeto por los logros alcanzados por Al Gore a la hora de explicar y abordar el cambio climático. Y lo sigo sintiendo. [...] Para mí era —y sigue siendo— un héroe [...]

Sin embargo, no podía estar de acuerdo con lo que me había pedido.

No me gusta el miedo. [...] El miedo, unido a la urgencia, nos hace tomar decisiones drásticas con efectos secundarios impredecibles. El cambio climático es algo demasiado importante. Requiere un análisis sistemático, decisiones meditadas, acciones graduales y una evaluación cuidadosa.

Y no me gusta la exageración. La exageración mina la credibilidad de los datos fundamentados [...]

Insistí en que nunca mostraría el peor escenario posible sin mostrar también el mejor. [...] Sería utilizar nuestra credibilidad para hacer un llamamiento a la acción. Al Gore continuó argumentando a favor de unas burbujas animadas aterradoras, más allá de las previsiones de los expertos, durante varias conversaciones más, hasta que, finalmente, puse fin a la discusión. «Señor expresidente, si no hay cifras, no hay burbujas». [...]

Muchos activistas, convencidos de que es el único problema mundial importante, han adquirido la costumbre de culpar de todo al clima, convirtiéndolo en la única causa de todos los demás problemas del mundo.

Se aferran a las impactantes preocupaciones actuales —la guerra de Siria, el ISIS, el ébola, el VIH, los ataques de tiburones y prácticamente todo lo que puedas imaginar— para aumentar la sensación de urgencia del problema a largo plazo. [...]

Más preocupante es el intento de captar a gente para la causa inventándose el término «refugiados climáticos». [...] El concepto de refugiados climáticos es, en gran medida, una exageración diseñada para transformar el miedo a los refugiados en miedo al cambio climático [...]

Cuando les explico esto a los activistas del clima, a menudo me dicen que apelar al miedo y a la urgencia con afirmaciones exageradas o infundadas está justificado, porque es la única forma de que la gente afronte los riesgos futuros. Se han convencido a sí mismos de que el fin justifica los medios.[34]

Que Rosling siguiera sintiendo respeto por Al Gore después de su experiencia solo prueba la bonhomía del médico sueco. Como fuere, el uso calculado de la estrategia del miedo en el activismo climático queda certificado. Si se trata de tener al mundo aterrorizado, lo mejor es empezar desde la más tierna infancia. Así cuando crezcan huirán de los discrepantes como de la peste, no argumentarán y acusarán de negacionista a quien no les dé la razón. Un término especialmente infamante que debería reservarse para los negadores del Holocausto y que en su boca significa: no discutiré con alguien tan despreciable como tú. Discutir es más que un engorro para los nuevos heraldos del Apocalipsis. Les pasa como a ti: no lo soportan. Puntualizar sus postulados es sencillamente repugnante. A sus causas hay que sumarse con la lagrimita asomando y sin salirse de las fórmulas previstas, como «amenaza existencial».

Confían en la invasión de los cerebros desarmados, en el sentimentalismo párvulo, el más reprobable porque no hay nada más fácil que impresionar a un niño. La causa en cuestión, vía equivalencias laclavianas, ayuda a implantar su concepto de democracia. La radicalización de esta, con la utopía al fondo, choca frontalmente con el realismo que se está desperezando. Cuando los *woke* dicen «democracia», cosa que por cierto hacen poco, ya no aluden a nuestro sistema, sino a aquello que lo desvirtúa. De los estragos de la nueva izquierda no se libran los derechos humanos:

---

34   Hans Rosling, *Factfulness*, Deusto, 2018

Las aserciones performativas y la retórica programática del activismo propio de la Justicia Social Crítica no están basados en la normativa existente de los derechos humanos, en obligaciones claras del Estado, ni en expectativas razonables de lo que los derechos humanos pueden lograr directamente. Como resultado, el discurso de los derechos humanos es más y más vago. Marcando objetivos que los derechos humanos no pueden alcanzar y atribuyéndoles ambiciones en las que no pueden encajar, la retórica de la Justicia Social Crítica acaba diluyendo los derechos humanos.[35]

A cuanto desvirtúe los principios de la democracia liberal le dan la bienvenida, incluyendo los nacionalismos secesionistas en Europa, que solo podrían triunfar colocando hechos consumados de fuerza —golpes de Estado— por encima de principios como el imperio de la ley o el de soberanía. El secesionismo dispuesto a triturar la democracia sostendrá en todo momento que actúa desde el más respetuoso sentido democrático, que su legitimidad histórica (leyendas mezcladas con hechos remotos) no puede ceder a la legalidad. O, lo que es lo mismo, que una legalidad opuesta a sus intenciones es por definición ilegítima. ¿Por qué los articuladores de causas fragmentarias, que dicen buscar *solo* la radicalización de la democracia, no su destrucción, no se desmarcan de movimientos incompatibles con los más elementales principios de la democracia a radicalizar?

Escoge explicación: o bien mienten y sí quieren destruir la democracia liberal, o bien son incapaces de sustraerse a la tentación de sumar a su estrategia luchas con tanto tirón local. Insisto: todo lo que ponga nuestro sistema contra las cuerdas es bienvenido por los apóstoles del nuevo socialismo. Ello no implica que la izquierda francesa, por ejemplo, le vaya a conceder ni un palmo de ventaja a sus secesionismos. Pero sí lo

---

35 Nicolas Agostini, *A Suicide Foretold: How Social Justice Rhetoric is Turning People off Human Rights*, quillette.com, 24 de marzo de 2022 (Traducción del autor)

hace cada día la izquierda española en su conjunto. La diferencia nos lleva al meollo del asunto: la escuela francesa ha construido un imaginario de nación inseparable del modelo centralista. Como consecuencia, en Francia no hay modo de articular un proyecto político fuera de ese imaginario. El peligro *secesionista* o *separatista* se interpreta allí de otra manera, vinculándolo a una gran comunidad musulmana que se ha desentendido del imaginario nacional en su conjunto y que avanza en su propia guerra cultural. Pero consagrada la causa del multiculturalismo, a la izquierda francesa se le hará cada vez más difícil mantener intacta su apreciada consecución. En *La identidad desdichada*, de Alain Finkielkraut, o en algunas novelas de Michel Houellebecq (en especial, *Sumisión)* se refleja con crudeza esta tendencia.

El esfuerzo de devolver su significado a las palabras socialmente aglutinantes se hace inmenso cuando te las han servido desvirtuadas desde la niñez. Precisaríamos, de entrada, que la izquierda democrática renunciara al antagonismo cuando se ven comprometidas las reglas de juego. Exigiría que la derecha democrática comprendiera las implicaciones de la hegemonía cultural. No parece que estemos próximos a ver cumplidas ninguna de esas dos condiciones.

Cuando se explota al máximo, con fines de radicalización, el aparato del Estado dedicado a educar, sin reparar en el coste futuro para los alumnos y para la comunidad, se construyen países de mediocres. Alcanzar el conocimiento requiere de una previa dotación de herramientas intelectuales que están siendo hurtadas, o escatimadas, en favor de sucesivas adhesiones sentimentales y de la administración de píldoras ideológicas. Espera. Estás pensando que he ido demasiado lejos.

¿Es posible que responsables políticos del color que sea ambicionen un país de mediocres, un mundo de mediocres? Es una pregunta clave, y te adelanto la respuesta: sí. Ahora bien, la mediocridad generalizada es para ellos tanto un subproducto como un escenario deseable que no necesariamente barajan de forma consciente, en sus crudos términos, los proselitistas de la atomizada y articulada fe neosocialista.

Un subproducto es un producto. Uno que se obtiene en el proceso industrial además del principal y que tiene menos valor. Pero tiene *algún* valor. El proceso no persigue el subproducto (la general mediocridad), sino el producto (la incorporación de más y más prosélitos). Sin embargo, una vez el subproducto está ahí por razones inherentes al proceso de producción, a los materiales empleados o a cualquier otra razón, y dado que también tiene valor, se le buscará una salida. La obtención de mediocres que no estaban condenados a serlo es un subproducto del proceso de vaciado de contenidos y de herramientas intelectuales en la educación. Porque son esos contenidos y herramientas los que dotan al educando de las competencias que un día serán demandadas por otros y disfrutadas por él.

He afirmado que, además de un subproducto, la mediocridad generalizada es un escenario *deseable para ellos*. «Ellos» son los ingenieros sociales más intrusivos. Y he precisado que tan lamentable escenario no tienen por qué contemplarlo de manera consciente. ¿Quiénes? Los proselitistas que están en mejor posición para modelar mentes porque son: a) gobernantes que se valen de los aparatos ideológicos del Estado; b) magnates o directivos de empresas tecnológicas; c) *gente de la cultura*. Como sabes, esta categoría incluye a cualquier analfabeto funcional con papel en una serie o con sección chistosa en un programa de televisión y excluye al autor de un manual de Derecho o a un catedrático de Física Nuclear.

Como te expliqué con taxonomía incluida, la *gente de la cultura* tienen un incentivo en adoptar pública posición sobre cualquier cosa: promoción gratuita y *posicionamiento*. Hay un montón de causas disponibles, desde lo trans hasta lo racial, desde lo climático hasta lo nacionalista, desde lo antiespecista hasta lo pacifista. La sociedad mediocre surge a partir de fuerzas, intereses, corrientes, iniciativas e incentivos múltiples que interactúan en un campo autoorganizado, sin necesidad de planes de *mediocratización*. Es importante que entiendas este punto. Su dieras por buena mi tesis, pero la interpretaras como una conspiración de ciertas élites, cometerías un grave error. Un error tal que me haría preferir tu disconformidad absoluta.

Si vas a cumplir con tu obligación de intentar entender el mundo, de buscar sentido y de conferir sentido, descarta las teorías de la conspiración. Son tóxicas y son falsas: el mundo no funciona así. No hay camarillas que en la sombra planeen un cambio cultural y lo coronen; hay mentes dotadas para las *estrategias emergentes* que intuyen los patrones del caos y saben aprovechar el momento propicio para facilitar o acelerar aquel cambio. No hay conjura que explique la compleja realidad. Hay camarillas y hay conjuras, sí. Lo que sucede es que sus planes y sus actos se insertan en un tejido tan complejo, en una realidad sometida a reglas tan inasibles que su tarea es inútil o, en el mejor (o peor) de los casos, solo *contribuye* a los cambios.

Si te apetece, investiga y conoce la identidad de grupos de individuos que se proponen controlar grandes parcelas de la realidad. Incluyendo en la realidad las ideas. Pero desde ahí no llegarás a explicarte las transformaciones, y menos si son culturales. Lo correcto es operar al revés: estudiar las transformaciones, sus antecedentes, el discurso que les es propio, seguir el curso de los acontecimientos, analizarlos e ir desgranando elementos relevantes y revelando claves. Quizá identifiques los desencadenantes principales o, más bien, des con algún autor que los haya identificado. Si llegas ahí, verás que los grupitos de cinco, diez o cien personas que acaso deseen «gobernar el mundo» y modelar las mentes de la humanidad son un elemento más entre muchos otros. No existe un gobierno del mundo en la sombra. Razonar de ese modo no es razonar, sino dejar de hacerlo. Acabarás no entendiendo nada y tu propia salud mental se podría ver afectada.

Podría suceder algo aún peor: que engrosaras una masa entregada a la caza del gran culpable. En varios momentos de la historia, esto se ha traducido en persecución de *pueblos culpables* y en genocidio. Cuando leas sobre la historia del pueblo judío verás que un atávico prejuicio contra él lleva dos mil años asomando la cabeza. Sabrás cómo se gestó la infamia fundacional: el pueblo deicida. Descubrirás las expulsiones de judíos en distintos países europeos, como el nuestro, los libelos de sangre, el mecanismo del chivo expiatorio. Estudiarás los pogromos. Un día comprenderás que el Holocausto es el mal absoluto, que partió en dos la historia de la humanidad, y serás capaz de seguir la huella que, directamente, condujo a lo impensable. Digo directamente. Fue la patraña de que los judíos tenían un gobierno secreto que controlaba el mundo. Desde la confección del apócrifo *Los protocolos de los sabios de Sion* hasta el Holocausto hay un camino recto que anduvieron millones de europeos: una teoría de la conspiración que responsabilizaba de todos los males al pueblo sobre el que ya recaía el atávico prejuicio.

El prejuicio sigue vivo. Adopta la forma de antisionismo o de solidaridad con Palestina, y no solo es común en las marginales minorías neonazis, sino también en una gran parte de la izquierda occidental. Gracias a un bendito instinto, esa es una de las *luchas* que a ti no te han colado. Y eso que el prejuicio es tan recalcitrante que se ha cronificado hasta en la ONU. Pregúntate por qué hay allí dos agencias para los refugiados: una para los palestinos y otra para todos los demás refugiados del mundo. Pregúntate por qué esta última (ACNUR) trabaja para que los refugiados dejen de serlo cuanto antes facilitándoles una nueva vida, mientras que la otra (UNRWA) trabaja para que los refugiados palestinos nunca pierdan su estatus y para que su cantidad aumente con el paso del tiempo. Los refugiados originales eran 700.000, aproximadamente tantos como los judíos expulsados de los países árabes tras la independencia de Israel y la inmediata guerra de agresión de todos sus vecinos. Más de setenta años después, gracias a la doble vara de medir de la ONU, más de cinco millones de personas tienen el estatuto de refugiado palestino. Lo han heredado los descendientes de los originales. Una aberración en línea con esta lógica: insistiendo en el derecho de los refugiados a regresar, y siendo tantos, Israel desaparecerá. Borrar a Israel del mapa es asimismo el objetivo declarado de Irán.

Mientras tanto, el pequeño país acorralado por sistemas autocráticos es una democracia liberal en toda regla desde que nació. Alberga a dos millones de árabes, la mayoría musulmanes, con ciudadanía israelí y presencia en el Parlamento y en el Gobierno. Nada de esto impide que un antisemitismo con nuevo disfraz impregne a organizaciones que fueron respetables, como Amnistía Internacional, que contamine a la prensa europea y que siga excitando el resorte ancestral en la opinión pública occidental. La Unión Europea financia generosamente a la Autoridad Palestina a pesar de que esta emplea sus recursos pagando pensiones de por vida a las familias de cada terrorista abatido, tenido por mártir.

La vieja conspiranoia judeófoba sigue vigente. El izquierdista occidental medio reedita en privado los infundios de *Los protocolos* en formatos no menos conocidos: el judío domina la prensa, domina las finanzas, domina el cine, lo domina todo. Lo cierto es que Israel ha convertido el desierto donde fueron a parar los supervivientes del Holocausto en una potencia tecnológica y en una fuente inagotable de patentes e innovaciones que mejoran la vida de gente de todo el mundo. Donde debiera haber admiración, motivo de inspiración e imitación de esquemas de emprendimiento, hay aversión. Atizada por sedicentes progresistas. La próxima vez que alguien te diga que es antisionista y no antisemita, pregúntale si hay algún otro Estado en el mundo que, a su parecer, no debiera existir. Si no lo hay, que no lo habrá, tienes delante a un antisemita de libro. Las teorías de la conspiración te embrutecen y, en ciertos contextos, entrañan terribles peligros.

Solo establecido y comprendido lo anterior, podemos entrar en el valor de las ideas, que siempre surgen de alguien, y que son diferentes a las conjuras. Hay personas y grupos influyentes, incluso decisivamente influyentes. No estoy ciego. Sigue atento. Esas personas existen, han existido y existirán, pues son las ideas de individuos y grupos concretos las que acaban impulsando los grandes cambios. Las ideas. Ni las conspiraciones ni unas fuerzas ciegas e impersonales que avanzarían a través de la historia. Nada más poderoso que las ideas, nada más destructivo que las ideologías.

Esas ideas y esas ideologías las conciben individuos y círculos. Laclau, sin ir más lejos, no creó las causas fragmentarias: constató su existencia, comprendió las tendencias y diseñó un modelo analítico y un plan de actuación basados en esa constatación.

Evidentemente, no habría habido marxismo sin Marx y Engels. No estaba escrito que las revoluciones que de vez en cuando estallan, ya sea por la dinámica de la naturaleza social, por las crisis económicas, por el expansionismo de una nación, o por cualquier otra razón, adoptaran un credo como el comunista. No estaba predeterminado que se aunaran tantas personas de tantos países en la convicción de que para combatir el sistema establecido debían valerse de una concreta teoría «científica». Porque eso es lo que creían, que una teoría científica había desvelado un decurso fatal de la historia, identificado las fuerzas enfrentadas que lo empujaban y las condiciones en que se producían los *avances*.

Sin zafiedades simplificadoras, contando con la naturaleza compleja de cuanto te rodea —más compleja cuanto más te acercas—, estás preparado para reparar en el verdadero papel histórico de algunos individuos. Hombres concretos, con sus resentimientos, filias y fobias, con sus temperamentos y debilidades, con sus intelectos, obsesiones, temores y ambiciones, mueven la historia en combinación con fenómenos ajenos a cualquier voluntad. Lo hacen de distintas maneras. Desde la referida producción de ideas que adquieren importancia superlativa hasta la realización de actos que desencadenan terremotos sociales, políticos, bélicos. Un intelectual puede alterarlo todo, pero no de forma lineal, sino con el imprevisible rodar de su producción sobre el pedregoso laberinto de la realidad. Lo hicieron Marx o Freud. Lo había hecho san Pablo, si me permites la licencia de incluirlo forzadamente en aquel grupo.

Las acciones puramente destructivas son capítulo aparte. Hay más linealidad. Aquí se desliza la bola por una pista lisa y encerada. Un magnicidio puede poner el mundo patas arriba. Quien te asegure que la Primera Guerra Mundial era inevitable por las famosas fuerzas ciegas, por las circunstancias de la época, por el polvorín balcánico, por la tardía llegada al reparto colonial de potencias que se unificaron en la segunda mitad del siglo XIX o por cualquier otra razón, solo tiene de científico el tono con que habla o la pretensión de la metodología con que se desenvuelve en las ciencias sociales, ciencias *blandas*. Pero es una afirmación indemostrable. Dados todos aquellos factores, algo habría pasado. Claro. Algo. Siempre pasa algo. ¿Una guerra mundial? No hay forma de saberlo. No hay forma de someterlo al método científico. No hay un hombre en la tierra capaz de establecer como indiscutible que la Gran Guerra, con sus cincuenta millones de muertos, u otra de dimensiones parecidas en esa misma época, estuviera predeterminada y fuera a estallar aunque Gavrilo Princip no hubiera disparado contra el archiduque Francisco Fernando.

Llámale a aquel atentado, si quieres jugar sucio, conspiración exitosa, pues el joven asesino actuaba de consuno con otros. Pero no atribuyas a su conspiración, ni a ninguna otra, la capacidad de modelar el mundo a su antojo. Situados ante las consecuencias de las ideas, no contamos con una explicación lineal que retroceda hasta ellas. Causas y efectos interactúan. Existen un sinfín de circunstancias, dinámicas sociales, descontentos, desequilibrios, que se superponen, que se penetran unos a otros, que se mezclan, se cruzan en la urdimbre de la realidad. La trama tiene tantos hilos, relaciona tantos elementos, que nadie la descifrará jamás. No importa cuánto se avance en el estudio de los sistemas complejos. Las ideas, en ciertas circunstancias, mueven el mundo. Pero no es previsible hacia dónde. Lo que sí consta empíricamente es que aquellas que se articulan en ideologías *totales* conllevan la destrucción, el asesinato en masa, la brutal represión en los territorios donde se aplican. Y que otras —plasmadas en idearios y aplicadas en políticas incrementalistas que eluden la ingeniería social— tienden a mejorar y alargar nuestras vidas, a reducir la pobreza y a respetar la esfera privada.

Mis reparos al historicismo proceden de la temprana lectura de Karl Popper y se extienden a cualquier visión que ignore la complejidad y crea haber detectado leyes que atraviesan los tiempos, orientándolos en una u otra dirección fatal. En el célebre primer capítulo de una de sus obras más influyentes —capítulo con el significativo título de *El historicismo y el mito del destino*—, Popper presenta como «doctrina historicista central» la afirmación de que «la historia está regida por leyes históricas o evolutivas específicas cuyo descubrimiento podría permitirnos profetizar el destino del hombre».[36] A partir de ahí va enumerando historicismos. Uno sería el teísta, que hace depender el destino de la Voluntad de Dios. Cita asimismo el historicismo naturalista, el espiritualista, el económico. Todos ellos comparten «la doctrina de que existen leyes históricas específicas, susceptibles de ser descubiertas y sobre las cuales pueden basarse las predicciones relacionadas con el futuro de la humanidad». Y entonces llegamos al meollo:

> Las dos versiones modernas más importantes del historicismo [...] son la filosofía histórica del racismo o fascismo, por una parte (la derecha), y la filosofía histórica marxista, por la otra (la izquierda). En lugar del pueblo elegido [historicismo teísta], el racismo nos habla de raza elegida [...], seleccionada como instrumento del destino y escogida como heredera final de la tierra. La filosofía histórica de Marx, a su vez, no habla ya de pueblo elegido ni de raza elegida, sino de la clase elegida, del instrumento sobre el cual recae la tarea de crear la sociedad sin clases y la clase destinada a heredar la tierra. [...] En el caso de la filosofía marxista de la historia, la ley es de carácter económico; toda la historia debe ser interpretada como una lucha de clases por la supremacía económica.[37]

El fascismo y el marxismo contienen una superstición central. Una que ha sobrevivido y que desacredita las pretensiones científicas de ambos modelos. La complejidad del mundo desbarata los intentos de levantar doctrinas historicistas, mucho más cuando se salen del ámbito religioso o espiritual y toman el control de los centros académicos. Eso pasó con el historicismo racista durante el nazismo y con el historicismo marxista en los países comunistas... y en los capitalistas. En efecto, en la mayor parte de la producción intelectual occidental, y sin

---

36 Karl Popper, *La sociedad abierta y sus enemigos*, Planeta, 1992

37 Ibíd.

duda en la más influyente, subyace la visión marxista. Atendamos de nuevo a Popper:

[L]as «direcciones» o «propensiones» que los historicistas disciernen en aquella sucesión de acontecimientos llamada historia no son leyes, sino, de ser algo, tendencias. Y [...] una tendencia, al contrario de una ley, no debe en general usarse como base de predicciones científicas.

[L]a equivocación central del historicismo [es que] *sus «leyes de desarrollo» resultan ser tendencias absolutas*; tendencias que, como las leyes, no dependen de condiciones iniciales, y que nos llevan irresistiblemente en una cierta dirección hacia el futuro. Son la base de *profecías* incondicionales, como opuestas a las *predicciones* condicionales científicas.[38]

En un epígrafe que lleva por título —atención, amigo— «Conclusión. El atractivo emocional del historicismo», el filósofo austriaco remata:

El historicismo es un movimiento muy antiguo. Sus formas más antiguas, tales como las doctrinas de los ciclos vitales de las ciudades y de las razas, preceden incluso a la opinión teleológica de que hay propósitos escondidos tras los decretos aparentemente ciegos del destino. Aunque esta adivinación de propósitos escondidos está muy alejada de la actitud científica, ha dejado huellas inconfundibles sobre las teorías historicistas incluso más modernas. Todas las versiones del historicismo son expresiones de una sensación de estar siendo arrastrado hacia el futuro por fuerzas irresistibles.

Los historicistas modernos, sin embargo, parecen no haberse dado cuenta de la antigüedad de su doctrina.[39]

---

38   Karl Popper, *La miseria del historicismo*, Alianza Editorial, 1973

39   Ibíd.

Autor ineludible en la metodología de la ciencia, Popper nos deja una afirmación de capital importancia. Léela despacio y considérala en dos sentidos. Primero, como tempranísima convicción de que la URSS estaba condenada al fracaso, previsión ciertamente meritoria dado que la obra que la contiene se publicó en 1956, cuando el imperio comunista parecía llevar la delantera científica, tecnológica y militar. Segundo sentido: es la advertencia de que un sabio nos lanza desde el pasado, ofreciéndonos un poderoso enfoque a la hora de examinar tendencias tan contemporáneas como la coacción sobre quienes se desvían del discurso hegemónico, la paulatina reducción de la crítica, la caza de brujas, la glorificación de los consensos, la transformación de algunas hipótesis científicas en credos sustitutivos de la religión, la cultura de la cancelación.

La ciencia, y más especialmente el progreso científico, son el resultado no de esfuerzos aislados, sino de la *libre competencia del pensamiento*. Porque la ciencia necesita cada vez más competencia entre las hipótesis, y cada vez más rigor en los experimentos. Y las hipótesis en competencia necesitan representación personal, por así decirlo: necesitan abogados, necesitan un jurado e incluso un público. Esta representación personal tiene que estar organizada institucionalmente, si queremos estar seguros de que funcione. Y estas instituciones deben ser pagadas, deben ser protegidas por la ley. En último lugar, el progreso depende en gran medida de factores políticos, de instituciones políticas que salvaguarden la libertad de pensamiento: de la democracia.[40]

Sí, muchacho, la democracia liberal. Esa es la democracia de Popper. Justo el sistema que las causas fragmentarias, articuladas y equivalentes de los indignados, de los mediocres ofendidos y de los magnates endiosados están liquidando.

---

40   Ibíd.

La libertad de expresión va siendo papel mojado; las críticas a hipótesis establecidas como verdades indiscutibles se consideran un insulto y se reciben como insoportable ofensa.

En realidad, el único historicismo que no podemos despachar sin más es el que Popper llama teísta. Encuentro la razón en el propio Popper: la religión no es *falsable*, la existencia de Dios no es una hipótesis de ese tipo. No tiene sentido intentar refutarla porque no pertenece al ámbito científico. Fuera de este terreno, que merece respeto en cualquier país civilizado porque la libertad de culto es un derecho fundamental, ten las teorías historicistas por lo que son, una perniciosa antigualla nieta del pensamiento mágico, y ríete de sus pretensiones científicas. Retén que no hay progreso sin libre competencia del pensamiento. Así que no pierdas ocasión de recordar a aquellos enemigos del orden liberal que se presentan como progresistas que en realidad son reaccionarios. De hecho apuestan por la involución, trabajan en el recorte de nuestras libertades y derechos y comprometen el único progreso posible dada la inamovilidad de la naturaleza humana. La ciencia precisa de recursos, que por definición son limitados; los «progresistas» priorizan la propaganda y exigen unanimidades a la comunidad científica en temas sensibles. Algo que obtienen por la vía de la dependencia económica y del hostigamiento o exclusión de los díscolos, con el mensaje que eso envía al conjunto de su comunidad. Representan pues lo contrario al progresismo, si es que el término significa algo a estas alturas. Si es que puede significar algo riguroso más allá de indicar que uno es partidario de la innovación.

El hombre en sí no progresa porque su naturaleza no cambia, salvo en períodos evolutivos que son imposibles de manejar y que no son teleológicos. La pretensión de construir desde la política un «hombre nuevo» anuncia represión y crímenes en masa. Pueden cambiar para bien las instituciones, favoreciendo la libertad y la convivencia, y también pueden cambiar para mal, como en nuestros días. Cuando sucede lo primero, que es lo deseable, ¿cabe hablar de progreso? Es una acepción extendida y, en realidad, no importa mucho. Pero si nos ponemos estrictos, responde antes a esto: ¿qué clase de progreso es el que no se consolida una vez ha llegado? Fíjate: nuestro sistema, el más respetuoso y garantista en materia de libertades y derechos, está dando un giro autoritario. Las democracias se pueden desvirtuar y conservar la carcasa formal. Aparentemente, habrá partidos políticos y elecciones, existirá un parlamento, etc. Pero tienen presos políticos, se valen de fuerzas parapoliciales que siembran el terror, poseen una judicatura sin independencia que sirve al líder supremo, practican reformas constitucionales para perpetuar a ese líder en el poder, etc. No otra cosa ha sucedido en varios países hispanoamericanos. En resumen, hay países que «progresan» hacia la libertad y luego regresan de ella mientras sus gobernantes anuncian que están profundizando en la verdadera democracia.

Es en el terreno tecnológico donde hay propiamente progreso, pues siempre se edifica sobre lo ya logrado. Cuando las libertades políticas son meramente declarativas, el entorno resultante —carente de crítica— congela el avance de la ciencia y de sus aplicaciones, como vimos. Ahí nos lleva la tesis de Popper, acreditada treinta años después con el colapso del bloque soviético. Es cuando las libertades se recuperan que regresa la libre competencia del pensamiento y las instituciones adecuadas, que en materia científica y tecnológica no partirán de cero, sino del *estado de las artes* alcanzado por el resto del mundo. Si un país se libera hoy de un régimen donde los científicos comulgan con ruedas de molino (la URSS presenta ejemplos que te asombrarán; busca a Trofim Lysenko en la Wikipedia), la libre empresa y el libre mercado entran en funcionamiento y empiezan a proveer a la gente de bienes y servicios que les estaban vedados. Pero como la ciencia y la tecnología, a diferencia de la naturaleza humana, sí progresan, los nuevos empresarios no se pondrán a fabricar casetes, cintas de vídeo ni máquinas de fax. No retroceden. Saltan directamente al estadio tecnológico que corresponde al presente.

Así que no estaría de más que revisaras tu concepto de progreso. Recuerda el objetivo de esta carta: tú. Interesa que tú, concretamente, te zafes de las trampas; que tú te salves del naufragio. Para ello, debemos regresar a las perturbaciones emocionales. Te conozco lo bastante para saber que no hay nada más urgente.

A menudo, tales perturbaciones resultan de lo que la psicología ha bautizado como *distorsiones cognitivas*. Las distorsiones cognitivas provocan errores, te llevan por caminos equivocados. Irrumpen en nuestra mente —sobre todo en la tuya— con suma facilidad. El psicólogo Jonathan Haidt relaciona dichas distorsiones con la polarización política en los ambientes estudiantiles. (La cosa te tiene que resultar familiar). Lo hace en su obra *La transformación de la mente moderna*,[41] en coautoría con Greg Lukianoff. Revisemos su lista, no exhaustiva, de distorsiones cognitivas. Son nueve: razonamiento emocional, catastrofismo, sobregeneralización, pensamiento dicotómico, lectura de la mente, etiquetación, filtrado negativo, descalificación de lo positivo y culpabilización. Algunos de los nombres no te dirán nada. No te preocupes. Los irás reconociendo, pero solo después de que me acompañes a la hemeroteca y echemos un vistazo a algunos sucesos sorprendentes acaecidos en los últimos años. Terminado nuestro viaje será más fácil esclarecer el significado de la lista de Haidt y Lukianoff —selección libre de otra más amplia— y, de paso, ilustrar hasta dónde llegan las consecuencias personales de esas distorsiones cuando,

---

41   Ed. Planeta, 2019

pudiendo reparar en ellas y repararnos, preferimos darles vía libre. Ponemos rumbo a nuevas costas del sentimentalismo.

Es muy probable que te indignaras, que te doliera de verdad la política de Donald Trump para con los inmigrantes ilegales o *sin papeles*. Que quede claro: no tengo la menor intención de que dejen de dolerte esas políticas y sus consecuencias. Lo que pretendo es que no te manipulen, y ello exige que seas sincero: si un hecho es injusto para ti, no puede ser que te provoque sufrimientos unas veces e indiferencia otras. Porque entonces es falso que te duela. Y doblemente falso que llegues al llanto en unos casos y justifiques o calles la misma acción en otros, como le pasa a una política de la que inmediatamente hablaremos. Lo cierto es que fue bajo la presidencia del demócrata Barack Obama, premio Nobel de la Paz y hombre universalmente apreciado, cuando más inmigrantes indocumentados se deportaron. Es un hecho, y los hechos no se discuten. Barack Obama es un extraordinario orador, es el paradigma de la elegancia, en toda la extensión del término, resulta convincente e increíblemente cercano, aun cuando solo lo ves en pantalla. Pero esa no es la cuestión. Lo que reclama nuestra atención es el llanto desconsolado de la conocida activista y miembro de la Cámara de Representantes de los EE. UU. Alexandria Ocasio-Cortez, correligionaria de Barack Obama. Sus lagrimones resultaron altamente contagiosos. Hay unas imágenes suyas ante la verja de un centro de detención de niños inmigrantes que, retrospectivamente, dan vergüenza ajena. ¿Por qué? Porque ni la llantina ni nada lejanamente parecido se ha visto reproducido cuando las mismas condiciones de detención de menores las ha mantenido el presidente de Estados Unidos Joe Biden, también del Partido Demócrata. Los hechos dolorosos lo siguen siendo cuando el responsable es de tu propio partido. ¿Eres tú un Ocasio-Cortez sin escaño y sin posados, o cuando algo te parece injusto te duele siempre?

No creas, joven, que te estoy tendiendo una trampa en forma de críticas sistemáticas a mandatarios estadounidenses de un cierto color ideológico. Sería demasiado complicado. En primer lugar porque, si revisas sus planteamientos, a quien más se parece la izquierda de los EE. UU., el Partido Demócrata, es a los partidos de la derecha europea englobados en el Grupo Popular de la Eurocámara. La derecha estadounidense llama con desprecio *liberals* a los izquierdistas, mientras que la izquierda europea tilda a menudo de fascistas a los liberales. Hay demasiada distancia para que una trampa sirviera de nada. Por otra parte, la verdad es que los políticos profesionales de todos los colores tienen una gran facilidad para contradecirse sin inmutarse. He sido político, sé de lo que hablo. Pero hay contradicciones y contradicciones. Las inadmisibles no atañen a correcciones programáticas o a virajes argumentales, sino a campañas de explotación sentimental. Indican que desde el principio se trataba de emocionarnos o conmocionarnos para obtener o recuperar el poder. O bien, por similar razón, de congelar una causa de la que se había hecho lacrimógena bandera, de enviarla al olvido cuando los sentimientos que se estimularon se vuelven en contra del manipulador. ¿Comprendes? Critíquese, dentro del normal juego político, la alteración de lo que racionalmente se defendió, la modificación de unas políticas. A veces el partido de turno, al llegar al gobierno, accede a informaciones —y desde luego a responsabilidades— que obligan a modificar las prioridades. Repróchese la contradicción. Pero un político que se echa a llorar o bien es muy sensible o bien es un canalla. En el primer caso, seguirá llorando cuando vuelva a encontrarse con lo que tanto le afectó. En el segundo, merece desprecio y ridiculización. Es él quien eligió el teatro barato. Saquemos los tomates. Oh, quizá no sepas que antaño el público lanzaba tomates a los malos actores. A veces me olvido de tu edad.

No nos importa lo que los profesionales de la interpretación hagan o dejen de hacer en política. Importas tú. Es por tu dignidad que no debes rebajarte a servir de caja de resonancias ajenas, ni a apuntalar con tus fuerzas, aún insignificantes, proyectos que requieren la manipulación sentimental. No contribuyas a normalizar la perversión, no te dejes arrastrar a la triste hipocresía del peón que se siente protagonista de algo importante durante unos segundos de embriaguez endorfínica. Vales demasiado para sumarte a la masa que dirigen, a la multitud amorfa que recibe indicaciones sobre el momento en que se debe lamentar algo —tono menor, violín estremecido—, el pasaje en que se debe guardar silencio, el punto en que se debe enfatizar lo otro: tono mayor y extemporánea alegría. El Réquiem se ha trocado de repente en la *Obertura de las Bodas de Fígaro*. Mozart se desconcertaría.

¿Qué sacas tú sumándote a la indecorosa simulación? Sé lo que temes. Crees que apartarte de los *tuyos* es una defección y que podría pasarte factura en el futuro si un día te diera por la actividad política seria. Esta última es una consideración demasiado práctica para ti, pero tímidamente se revuelve en tu interior. Bien, te equivocas. Lo que llaman defección sería lealtad a tu conciencia y te revitalizaría. Hazlo. Te dará mucho más de lo que te quita, aunque no lo veas la semana que viene, ni dentro de seis meses. La vida es larga, tranquilo.

Te diré lo que obtienes rebajándote: una rápida devaluación de tu peso moral, una merma de tu estatura humana, una pérdida de integridad que, de repetirse a lo largo de unos cuantos años, se convertirá en patrón de conducta y lesionará tu amor propio y tu credibilidad. Júzgate con tu propio baremo, haz lo correcto y que se caiga el mundo. Luego resulta que el mundo no se cae y empiezas a tener razones objetivas para estar orgulloso de ti mismo. Tu mirada transmitirá firmeza y será más limpia.

Puede afectarte, pues eres empático, la atmósfera de desolación que de repente se ha creado en tu círculo, en tu escuela, allá donde se dé proximidad física de grupo. Puedes sufrir por la severa contrariedad de seres humanos sobre los que hoy te piden que poses la mirada. Pero piensa en lo que pasa cuando no te lo piden. Averigua si lo insufrible está sucediendo de nuevo cuando no hay nadie al otro lado de la pantalla, o subido a la tarima del aula, o megáfono en mano para recordarlo.

Por concretar, le quedaba a Obama más de un año de presidencia y ya había expulsado a 2.700.000 extranjeros indocumentados, básicamente mejicanos. De lo que siguió haciendo durante ese año largo no existe contabilidad oficial. Es poco probable que cambiara de política, pues sin duda habría aireado su nueva línea humanitaria. No se trata de eso; lo que ocurrió es que empezaron a marcharse de EE. UU. más mejicanos de los que entraban. Cosas de la crisis.

Sucede que Obama tenía una elocuencia poco común, no ofendía a nadie y apelaba con eficacia a los buenos sentimientos. Quizá la concesión del premio Nobel de la Paz cuando todavía no había demostrado nada (ni lo demostraría) le empujaba a introducir consideraciones solidarias. Los hechos faltaban, pero el discurso era impecable. ¿Juzgarás al prójimo por sus palabras?

No hay presidente en la historia de los Estados Unidos que haya deportado más que Obama. Así es cuando te escribo estas líneas. No descartemos que Biden lo supere. Las cifras de Obama se acercan a los deportados por todos los presidentes durante el siglo xx. Hay más: recordarás quizá las furiosas críticas contra Trump por practicar masivamente deportaciones «en caliente», es decir, las que se aplican *ipso facto* a los inmigrantes cuando son atrapados en pleno cruce de la frontera. ¿No? Ve a Google. Espero.

¿Ya? Pues entérate: esa es precisamente la modalidad de expulsión que Obama priorizó. En Europa, sobre todo en España, está ese debate muy candente. Si la deportación te parece la política adecuada, Obama, Trump y Biden están en tu línea *de hecho*. Si no, los tres merecen tu crítica. La política, contra lo que imaginas, no es como el fútbol. De hecho, debería ser lo contrario del fútbol y del resto de juegos de suma cero, donde lo que uno gana siempre lo pierde el otro.

En su artículo *El imperio del emotivismo*,[42] el filósofo Miguel Ángel Quintana Paz recordó la historia de Charles L. Stevenson, profesor de Yale que defendía el «emotivismo ético», teoría según la cual solo existen emociones —y ninguna verdad o razón— tras los enunciados morales. Así, en el «No matarás» o «No violarás» no existiría sino:

> La emoción que sentimos cuando pensamos en un asesinato (una sensación negativa, normalmente: por eso, prohibimos matar); está la emoción que queremos suscitar en aquel a quien lanzamos ese mandato (negativa también, de ahí que se lo prohibamos); pero no hay nada más. Asesinar no es en sí mismo bueno ni malo; o, mejor dicho, asesinar es malo, pero eso solo significa que me hace sentir mal y espero que a ti también. Nada más.

Por esa corriente estás condenado a navegar si tu baremo moral es de índole emocional, si vas a aprobar o a condenar algo según el mero sentimiento que te suscita. Charles L. Stevenson no obtuvo plaza —como parecía natural y todos esperaban antes de la Segunda Guerra Mundial— como profesor titular en Yale, donde se había graduado antes de doctorarse en Filosofía en Harvard, porque, para su desgracia:

> Creer que el bien y el mal solo dependen de cómo se sienta uno sonaba un tanto chocante justo en los años que siguieron al

---

42   theobjective.com, 12-9-2019

Holocausto. ¿Lo único malo del exterminio nazi fue que, uy, mira cuán mal me siento mientras me lo estás contando? Si afirmo que aniquilar a judíos, homosexuales, gitanos, etcétera, es perverso, ¿solo estoy hablando de mí mismo y de mi exquisita sensibilidad? ¿Un poco como cuando hablo de qué repugnantes estaban los macarrones que cené ayer? ¿Tan solo intento, en uno y otro caso, que tú te sientas igual de mal que yo? Al hablar del horror de los campos de exterminio, ¿no estoy afirmando nada sobre el mundo, sobre quienes cometieron tamañas bestialidades, sobre la dignidad mancillada de las víctimas? ¿De verdad no estoy diciendo nada acerca de semejantes actos, salvo que a los nazis les divirtieron y a mí, en cambio, no?

En realidad, lo que encerraba la felizmente olvidada teoría del emotivismo ético no era ética alguna, sino algo más prosaico que la psicología etiquetaría como una de las disonancias cognitivas que antes citamos. La primera de la lista: el razonamiento emocional (la interpretación de la realidad de acuerdo con tus sentimientos) extendido hasta el ámbito de la moral, que también forma parte de la realidad. Una parte que tú filtras con emociones o sensaciones aunque no pretendas elevar tu disonancia a categoría universal, al modo de Stevenson. Hay una forma nada sentimental, y bastante rápida, de orientarse ante las dudas éticas o morales que nos asaltan. Su superioridad a cualesquiera vías conducentes a dobles baremos se percibe con solo leerla. Es la fórmula de la ley universal de Immanuel Kant: «Obra solamente según una máxima tal que puedas querer al mismo tiempo que se torne ley universal». Memorízala. Ya sabes lo importante que es la memoria.

Lo que vienes haciendo, estimado, está bastante lejos de la enseñanza de Kant. Detente a pensar en las implicaciones prácticas que para ti tendría aplicar la ley del filósofo de Königsberg. Enseguida se comprende la dificultad de respetarla. Lo que vienes haciendo lo hace la mayoría. Pero hay muchas formas de saltarse esa ley. La tuya es hija de tu tiempo. Esa es una de las razones que aconsejan tomar distancia e identificar las tendencias de la época. Si, tratándose de asuntos públicos, te pasas varias décadas en modo sentimental, sin dejar que la razón interfiera y te atempere, será imposible enderezarte. Salvo que tengas una revelación y te *conviertas* de repente. Salvo que te caigas, ya talludito, del caballo, como san Pablo camino de Damasco, bajo una poderosa luz y una más poderosa voz: «Saulo, Saulo, ¿por qué me persigues?». En realidad no había caballo, pero ese es otro asunto.

Estás a tiempo de corregir la disonancia del razonamiento emocional. Imaginemos que existe una manera sencilla de hacerlo. Tan sencilla que la despachará con una sonrisa condescendiente, en el mejor de los casos, cualquier psicólogo al que se la presentes: la apelación a tu sola razón. Bertrand Russell va por ahí, coméntaselo al psicólogo. Te dirá que vale, pero que la cosa no es tan fácil. Por supuesto que no. No tiene nada de fácil. He dicho que era sencilla en el sentido de que carece de artificios. En realidad es un difícil giro de actitud y de hábitos. Te obliga a renunciar a los fervorines de pancarta y demás emociones bastardas. Y por bastardas me refiero a las que en ti despiertan las cuestiones públicas. La política, para que quede claro. Que el psicólogo se quede tranquilo, y tú también: la apelación a la sola razón no va más allá. Ahí fuera está lleno de emociones deliciosas o necesarias esperándote.

La ventolera político-sentimental no amaina. La lluvia no cesa. Fíjate, estás empapado. Busca a tu alrededor; alguien mantiene viva la tormenta con una máquina de efectos atmosféricos, como en el cine. Unos técnicos formidables han encontrado el modo perfecto de imponer su agenda. Ya sabes: emergencia climática (nuevo milenarismo), autodeterminación de género, géneros potencialmente infinitos, indigenismo, nacionalismo, especismo inverso (antihumanismo puro), veganismo proselitista (activismo anticarne), nuevo racialismo (racismo apenas disfrazado), pacifismo de pacotilla (solo cuando hay que defender con armas la democracia liberal), espíritu guerrero (cuando hay que defender dictaduras que convienen, como Cuba o Venezuela), cancelación cultural (regreso de la censura, fin de la libertad de expresión y caza de brujas, con *inquisitio generalis* para los sospechosos y ostracismo para los condenados, si son humanos, o derribo físico, si son estatuas), identificación indiscriminada de microagresiones (corriente que cuenta con un espontáneo voluntariado de activistas aunque se considere una herramienta compartida por todas las causas fragmentarias), denuncias de apropiación cultural... o cualquier otra manía intransigente organizada. No olvidemos el movimiento BDS (boicot, desinversiones y sanciones) contra Israel, es decir, antisemitismo disfrazado de solidaridad. Más lo que me dejo. Más lo que vendrá, que no podemos siquiera conjeturar: el adjetivo «fragmentarias» aplicado a las causas es exacto, pues no solo la agenda de la actual hegemonía se presenta en fragmentos, sino que siempre está incompleta. Por definición.

Las narrativas se entrecruzan; una te lleva a la otra, como sabemos. Cuando te han vendido todos los fascículos publicados hasta el momento, los encuadernas y eres un *woke*. Has despertado. Deja espacio en el anaquel para los siguientes tomos. Casi te parece que tuvieras una sola gran causa. Esta sensación, sin anclaje real, es vívida y suple la falta de ideologías omniexplicativas creíbles. Da padres adoptivos a los huérfanos del marxismo, en sus distintas derivadas. Satisface como una barrita de cereales los instintos reivindicativos no saciados de los socialdemócratas, sin proyecto desde que el suyo se impuso, tiempo ha, en Europa. Coronaron sus objetivos, ¿qué van a hacer? ¿Retirarse? Todo esto les reanima, les devuelve la razón de ser. Pueden seguir revolviéndose contra la derecha, que en su nuevo modelo mental la forman los contrarios a alguna causa fragmentaria, la que imponga la actualidad en cada momento.

La derecha europea de la centralidad, por su parte, trata de reducir inútilmente el antagonismo ambiente tragándose causitas una detrás de otra, aunque con cierta dilación respecto a los *woke*. Esa dilación es todo lo que necesita la nueva izquierda para avanzar hacia ningún lugar. Al ser las causas fragmentarias inagotables, el adversario siempre irá a remolque. No hay una sola causa *cultural* exitosa que pueda atribuirse a la derecha en las últimas décadas. He ahí la prueba más contundente de dónde reside la hegemonía.

Al tenerse por gente de orden, en la derecha conservan la ilusión de que las grandes empresas actúan con sentido común porque necesitan estabilidad. Y ven cómo la publicidad de empresas cotizadas, así como algunos CEO en sus manifestaciones públicas, se suman con entusiasmo a la corriente *woke*. A este fenómeno, que Miguel Ángel Quintana Paz ha bautizado como «capitalismo moralista», le veo cuatro explicaciones:

— Una banal convicción de que hay que estar con los tiempos, traigan estos lo que traigan (por ejemplo, la quiebra de tu banco).

— Una apuesta estratégica: invertir en (o colaborar con) corporaciones mastodónticas que, rece lo que rece su misión, se dedican a sembrar el malestar personal y el antagonismo social, auténtico *core business* de las plataformas tecnológicas. Lo comprobarás más tarde, cuando hablemos de Molly Crockett.

— Consideraciones mercadotécnicas: relacionemos nuestra marca con estos valores porque son mayoritarios. Grave confusión entre hacer más ruido y tener más adeptos.

— Un vicio repugnante de personajes endiosados: el *virtue signalling,* o alardeo moral.

Cabe añadir una quinta explicación. Solo para Karey Burke, presidenta de Disney General Entertainment Content y expresidenta de ABC Entertainment. La señora Burke, al mando de tan poderoso foco *cultural,* comunicó a sus empleados, invocando su condición de líder, que a finales de 2022 la mitad de los personajes de Disney serían LGTBIQA o pertenecerían a minorías raciales. Es la razón aducida la que impone tratarla aparte: dijo tomar tal decisión como madre de un hijo transgénero y otro pansexual. Una circunstancia personal detrás de una estrategia de contenidos que configura el imaginario infantil de todo el planeta.

Dejemos aparte el trágala de la líder de Disney, presta a cambiar la percepción del mundo, y el mundo mismo, por sus hijos, y regresemos a las razones generalizables. La derecha de la centralidad ve cómo se suman a la corriente (o provocan la corriente) de las *causas fragmentarias equivalentes* aquellos a quienes ingenuamente suponen poseedores de un infalible detector de inestabilidades en el sistema: las grandes empresas. ¿Para qué nos vamos a meter en berenjenales de los que se suele salir mal parado? —se dicen—. ¡Será que la estabilidad no peligra en absoluto! —infieren—. Volvemos al problema de la falta de lecturas. No conocen al adversario. Se desentienden de cuanto no sea gestión técnica. La inestabilidad permanente del sistema, la desvirtuación de los principios de la democracia liberal, y la mismísima articulación laclaviana de *luchas,* la provoca en gran medida el capitalismo moralista. Y esa inestabilidad es, a su vez, caldo de cultivo para la fabricación, estímulo y articulación de nuevas causas que nunca se satisfarán. Eso es estructural en la nueva hegemonía. Así se obtuvo y así se mantiene: *radicalizando* la democracia, alentando la conflictualidad, sembrando antagonismos. De nada de esto tiene noticia la derecha del *sentido común,* ese ideario tan estimulante.

El apego al inane sentido común de la derecha tecnocrática lo explica la profunda y errada convicción de que sus argumentos son autoevidentes, así como sus eventuales logros en materia económica, de cohesión social, de extensión del Estado de bienestar, de enderezamiento de las cuentas públicas o de política exterior prudente. Si se parte de esa base, las narrativas de la izquierda posmoderna no tendrían nada que hacer ante los hechos. El problema es que en nuestras sociedades sucede exactamente lo contrario: el relato mata al dato. El dato solo mata al relato entre discrepantes bien formados, con buena fe intelectual y sin agendas ideológicas.

El ingrediente principal del cóctel perdedor es la focalización casi exclusiva en cuestiones económicas. Como si no se pudiera caminar y chupar un caramelo al mismo tiempo. Como si no estuviera acreditada la insistencia del electorado ideologizado en votar a quienes le arruinan. Agrega la infravaloración de los recursos principales de la batalla cultural: medios, escuela y universidad. El resultado es el seguidismo. Esta falta de reacción del adversario desconcierta un tanto a los hegemónicos.

En el ínterin que va de la tímida resistencia inicial al alegre abrazo de cada causa, los hegemónicos se entregan a la caricatura despiadada del contrario, presentado como un monstruo insensible. Cuando la derecha se traga la píldora, la acusan durante un tiempo de hipocresía, niegan la genuina asunción de las premisas. Entonces, sucede a menudo que la derecha se entrega tanto a los gestos de adhesión que adelanta a su contrincante por la izquierda. ¿Qué hacer en ese caso? Ensanchar la llamada *ventana de Overton*, que podríamos definir como el rango de lo admisible por el público.

Desde su lógica, la nueva izquierda no puede hacer otra cosa. Ponte en la piel de los articuladores de causas. Si el adversario político y el *establishment* las hacen suyas por sistema lo bastante deprisa, se acaba el antagonismo, y sin antagonismo es muy difícil competir en unas elecciones, e imposible en la guerra cultural. El adversario actúa como si no estuviera inmerso en un conflicto porque no es consciente de lo que se cuece, que es la desvirtuación de la democracia liberal, para empezar, con su destrucción utópica en el horizonte, donde reside el *individuo nuevo*. Ingenuo, te preguntarás que dónde está el problema para el posmarxismo si ya posee la hegemonía cultural. Insisto: en que necesita un enemigo porque no se puede detener. Está en un proceso siempre en marcha.

Gran parte de la derecha también necesita un enemigo, pero no toda. Mucho menos la europea con experiencia de gobierno, que confunde el sentido de Estado con la pasividad ante amenazas ciertas y que confía en una estrategia de *distinción de marca* consistente en aplicar políticas más útiles: *policies* frente a *politics,* más políticas y menos política. Solo los más lúcidos entre los perdedores saben que las políticas deben blindarse con política, puesto que los hegemónicos nunca se contentarán y, por tanto, ensancharán y ensancharán la ventana de Overton pasando por encima de lo que yo entiendo por civilizado, después por encima de lo que tú entiendes por civilizado, y más tarde por encima de lo que tus hijos entiendan por civilizado. El hombre nuevo de Laclau nunca se forma del todo. Más inteligente o astuto que los referentes ideológicos con los que rompió, el argentino no imaginó a ese hombre futuro completado, sino en permanente proceso de transformación. El hombre nuevo tendrá que ser siempre nuevo con respecto a cualquier pasado. También comprendió que eso podía hacerse desde los valores liberales, partiendo de sus reglas de juego, aprovechando libertades y garantismos para forzar las costuras en una revolución tranquila y paulatina.

Todo lo tranquila que puede ser una revolución; como hemos visto, la inestabilidad será el estado natural del sistema. Mientras, se irá modificando el sentido de todo, pues la gran lucha es la lucha por el sentido. «Justicia» cambia ligeramente de significado cuando se introduce en el discurso corriente la «justicia reproductiva», igual que normalizar la expresión «refugiados climáticos», como observó Rosling, altera el sentido de «refugiado». La multiplicación de apropiaciones semánticas indebidas conduce a un estado de indeterminación conceptual, lo que no solo tiene consecuencias jurídicas, sino que deja servida la situación para que los dueños de todas las iniciativas transformadoras sean también los dueños de los significados borrosos. Entiendo que esta tendencia forma parte de la *radicalización* de la democracia liberal. En el propio sistema, dentro de él, mutan sus conceptos fundacionales, se retuercen los valores supuestamente asentados. Esta lógica implacable de *avance* sin meta (utopía, un lugar que no existe) es inherente al modelo triunfante de conquista y mantenimiento de la hegemonía.

Y ahora, para tu ilustración, pondremos un ejemplo de ensanchamiento paulatino de la ventana de Overton: el aborto.

Hubo una época en que se luchaba por despenalizar el aborto. Se oponían el grueso de la derecha y una parte de la izquierda, quizá los que tenían creencias religiosas profundas, o los que no podían admitir que se liquidara a un feto humano por su moral particular, como el notorio caso del cineasta comunista y ateo Pier Paolo Pasolini: «Estoy traumatizado por la legalización del aborto porque la considero una legalización del homicidio». El aborto se fue legalizando para ciertos supuestos, como el eugenésico, los casos de embarazo resultado de una violación o cuando corriera peligro la vida de la madre. Después se introdujo —más bien se añadió— el criterio de los plazos. El aborto sería legal dentro de *x* semanas de gestación. *X* fue creciendo y, mientras tanto, se impuso la idea de que abortar no era un acto despenalizado, sino un derecho de la madre. Triunfó la idea de que, al abortar, la mujer estaba disponiendo de su propio cuerpo.

Esta objetiva deshumanización del feto arrasaba con una tradición milenaria, pues los derechos del concebido y no nacido se venían reconociendo desde el Derecho romano. El *nasciturus* podía, por ejemplo, heredar, algo que ninguna civilización ha concedido jamás a un forúnculo o a una acumulación de grasa. Se satanizó a los movimientos «provida», que a esas alturas ya no reclamaban la vuelta a la situación inicial, sino políticas de amparo y ayuda a las madres que se estuvieran planteando abortar por razones socioeconómicas. Hoy en nuestro país, y en otros, está prohibido rezar delante de una clínica abortista. Se combate el derecho a la objeción de conciencia de los médicos que se nieguen a practicar abortos, no necesariamente por razones religiosas. Pueden ser deontológicas, invocando simplemente el juramento hipocrático en su versión actual, la aceptada por la Asociación Médica Mundial, conocida como Declaración de Ginebra y actualizada en 2017: «Como miembro de la profesión médica, prometo solemnemente: [...] velar con el máximo respeto por la vida humana». ¿Es vida humana un feto humano? Respóndete tú mismo, pero solo después de que te informe de algo: incurre en delito quien «realice actividades que impidan o dificulten [la] reproducción» de especies protegidas de fauna silvestre. Lo recoge el artículo 334 del Código Penal español y está castigado con pena de prisión de seis meses a dos años. Debe tener que ver con el hecho de que dentro de un huevo de aguilucho cenizo hay un futuro aguilucho cenizo, no un llavero. Yo sigo con el ensanchamiento de lo admisible por el público.

El público en general admite ya que el feto forma parte del cuerpo de la madre y que, por tanto, puede disponer de él. También admite que las menores (pongamos a los dieciséis años) deben poder abortar sin el consentimiento e incluso sin el conocimiento de sus padres. El público cree, y así se hace en muchos países, que la Sanidad Pública debe costear el aborto. Habiéndose logrado todo esto, X, el plazo dentro del cual se puede ejercitar libremente el ya admitido derecho a abortar, vuelve a ampliarse. En Colombia, por ejemplo, hasta las 24 semanas de gestación. Seis meses. Un alto porcentaje de bebés prematuros de seis meses son actualmente viables, en torno a la mitad. Aquí empieza a derrumbarse un argumento común según el cual, al no ser viable todavía el feto abortado, no se puede hablar propiamente de un ser humano. Bueno, que el feto en cuestión siempre es humano está fuera de duda, así que el argumento apunta en realidad al ser. Quizá pienses que la aprobación en Colombia del plazo de las 24 semanas creó algún cisma en el feminismo, al menos en el que había usado el argumento de la inviabilidad como equivalente a no-ser. Nada más lejos de la realidad. No he encontrado (quizá sea culpa mía) disidencias: la normativa colombiana se celebra como un avance. Avance significa que la medida sería un progreso. Los que solo creemos en el progreso tecnológico ni siquiera entramos en el tema. Pero esa no es la cuestión, sino el futuro.

Ninguna razón permite pensar que x ha llegado al límite con los seis meses. Las hay de sobra para prever que seguirá ampliándose el plazo. De hecho, la Organización Mundial de la Salud acaba de recomendar que se eliminen los límites sobre cuando puede tener lugar un aborto durante el embarazo. La recomendación se incluye en el epígrafe «Eliminación de los obstáculos normativos innecesarios». Una vez el derecho al aborto cubra entero el plazo impuesto por la naturaleza, los nueve meses, ¿qué pasará?

Que seguirá ampliándose la ventana de Overton en el único sentido en que puede hacerlo: disponiendo legalmente de la vida de niños (ya sin peros a la palabra) hasta una cierta edad. Primero, será un día; luego, una semana, y así sucesivamente. La única razón de que esto te parezca una salvajada inimaginable, de que lo consideres imposible, es que no te has dado cuenta de lo evidente: el rango de lo que la gente considera admisible crece, crece y seguirá creciendo si se organizan las campañas adecuadas en el momento propicio. La ventana de Overton se ensanchará hasta extremos que no imaginas. Y siempre seguirá suscitando polémica para alimentar el antagonismo. Dada tu edad, algún día verás a la derecha europea discutiendo la iniciativa progresista del derecho a matar a los propios hijos hasta los dos meses, arguyendo que con dos semanas había suficiente. No necesito que me creas, solo que entiendas el mecanismo del ensanchamiento de lo admisible. Lo del aborto era solo un ejemplo. Puedes esperar similares tensiones y cesiones en cuantos asuntos guarden relación con las causas fragmentarias. Es decir, corriendo el tiempo, en todos los asuntos.

No olvides que las causas a articular por los hegemónicos, además de ensancharse, crecen en número. Su extraño alimento es la indignación moral. Si te remontas a la mitología llegarás a la diosa Envidia, versión romana de la Némesis griega. Pero la palabra némesis ha quedado inservible por el abuso. Le han cogido el gusto, cómo no, los periodistas deportivos, culpables asimismo de vaciar de sentido sustantivos como *héroe* y adjetivos como *histórico*. Añádele a esto la inevitable fatalidad de las traducciones erróneas de Aristóteles. Hay tesis doctorales sobre el tema. Vamos a dejar la némesis de Aristóteles, que el puñado de significados con que nos ha llegado oscurecería la explicación. Permíteme, eso sí, aprovechando que sale a colación el estagirita, y solo como guiño, que tomemos las citas de abajo con alegría y sin cautelas. A fin de cuentas, esto es entre tú y yo, nadie vendrá a exigirnos contextualizaciones. Son frases escritas en el siglo IV antes de Cristo; eres lo bastante inteligente para entenderme si te digo que suenan de lo más actual:

> Las democracias principalmente cambian [en el sentido de que se acaban] debido a la falta de escrúpulos de los demagogos [...] Antiguamente, cuando se convertía la misma

persona en demagogo y estratego, orientaban el cambio hacia la tiranía; pues, en general la mayoría de los antiguos tiranos han surgido de demagogos. Y la causa de que esto ocurriera entonces y ahora no es que entonces los demagogos salían de los jefes del ejército (ya que aún no había oradores profesionales); y ahora, con el auge de la retórica, los que tienen facilidad de palabra hacen demagogia, pero debido a su falta de experiencia en los asuntos de guerra, no se alzan en armas, y, si alguna vez lo intentan, es por poco tiempo.[43]

Para satisfacción y provecho de los demagogos, faltos de escrúpulos, la interacción en las redes sociales incrementa la indignación moral. Es algo demostrado. Según la profesora de psicología de Yale Molly Crockett (recuerda, te anticipé su nombre), coautora de un estudio con más de 13 millones de tuits sometidos a seguimiento mediante un *software* de aprendizaje automático:

> El aumento de la indignación moral es una consecuencia clara del modelo de negocio de los medios de comunicación sociales. [...] Dado que la indignación moral desempeña un papel fundamental en el cambio social y político, deberíamos darnos cuenta de que las empresas de tecnología, a través del diseño de sus plataformas, tienen la capacidad de influir en el éxito o el fracaso de movimientos colectivos. [...] Nuestros datos demuestran que las plataformas de redes sociales no solo reflejan lo que pasa en la sociedad, sino que crean incentivos que, con el tiempo, cambian la forma en que los usuarios reaccionan ante los sucesos políticos.[44]

No es imposible pues que en el modelo de negocio de un puñado de megaempresas tecnológicas esté el desencadenante del estado de ánimo colectivo que en 2014 puso a rodar la bola

---

43   Aristóteles, *Política*, Alianza Editorial, 1998

44   Tomado de CORDIS, *Tendencias científicas: un estudio revela que los medios de comunicación sociales hacen que estemos más enfadados*, Comisión Europea

de nieve. Para algunos observadores, fue entonces cuando sonó el disparo de salida de esta carrera de intolerancia, victimismo, censura, alta susceptibilidad a la microagresión e infantilización extrema de los estudiantes universitarios. En una universidad nació el fenómeno que, ramificado, describe una predisposición anímica de alcance global. Aunque los estragos son más visibles en el mundo angloparlante, este solo lleva la delantera. El resto del mundo occidental sigue sus pasos. Las redes sociales ya estaban plenamente establecidas y desarrolladas a mediados de la segunda década del siglo XXI. Aunque nunca lleguemos a saber hasta qué punto su peso ponderado es superior al de otros factores, es imposible no relacionar el estudio de Crockett con la disparatada extensión del concepto de «seguridad» que instala a los jóvenes en burbujas de hiperprotección. Esta política de los claustros pesará sobre la sensibilidad y sobre la vida de los estudiantes tan pronto como abandonen la universidad. Salvo que, sin solución de continuidad, entren a trabajar en una gran plataforma tecnológica, otra burbuja, un entorno donde la susceptibilidad ante supuestas agresiones se perpetúa mientras el modelo de negocio al que sirven exige arrasar la autoestima e incendiar el espíritu de millardos de usuarios:

> En el siglo XXI, en algunos campus universitarios el significado de *seguridad* ha sufrido un proceso paulatino de «desplazamiento conceptual» y se ha ampliado para incluir la «seguridad emocional». Por ejemplo, en 2014, la Universidad Oberlin publicó unas directrices para el profesorado en las que le instaba a utilizar alertas de detonante para «demostrar a los estudiantes que te importa su seguridad». En el resto de la circular quedaba claro que la universidad, en realidad, les estaba diciendo a sus profesores: demuéstrales a tus alumnos que te importan sus *sentimientos*. Se puede ver la fusión de la seguridad y los sentimientos en otra parte de la circular en la que se instaba al profesorado a utilizar el pronombre de género preferido por cada alumno (por ejemplo, *Zhe* o *They*

para los alumnos que no querían ser referidos como «él» o «ella»), no porque esto fuese lo respetuoso o apropiadamente sensible, sino porque un profesor que utilice un pronombre incorrecto «impide o afecta a la seguridad de los alumnos en el aula». [...]

En la década de 2000 [...] el concepto de «trauma» [...] se desplazó hasta el punto de incluir cualquier cosa «experimentada por una persona como física o emocionalmente dañina». [...] La *experiencia subjetiva* del «daño» se hizo definitoria para valorar el trauma. [...] No le correspondía a nadie más decidir qué se consideraba trauma, maltrato o abuso: si tú los sentiste como tales, confía en tus sentimientos. [...]

Pocos estadounidenses habían oído hablar alguna vez de «espacios seguros» en el contexto académico hasta marzo de 2015, cuando *The New York Times* publicó un artículo de Judith Shulevitz sobre un espacio seguro creado por los estudiantes en la Universidad Brown. Los alumnos se estaban preparando para el debate que se iba a celebrar entre dos escritoras feministas, Wendy McElroy y Jessica Valenti, sobre la «cultura de la violación». [...] McElroy discute la afirmación de que la cultura estadounidense sea una cultura de la violación y para ejemplificar su argumento compara Estados Unidos con países donde la violación es endémica y tolerada. [...] Cree que es falso y poco útil decirles a todas las mujeres estadounidenses que están viviendo en una cultura de la violación. [...] Estudiantes de Brown [intentaron] que se le retirara la invitación a McElroy [...] Ese intento fracasó, pero en respuesta la presidenta de Brown, Christina Paxson, declaró que discrepaba de McElroy y anunció que durante ese debate la universidad iba a organizar una conferencia paralela sobre la cultura de la violación —sin debate— para que las estudiantes pudiesen escuchar que la cultura estadounidense es una cultura de la violación sin la contraposición de visiones diferentes. [...]

Cualquier estudiante que optara por asistir al debate principal aún podía sentir un «detonante» por la presencia de McElroy en el campus. [...] Se creó un «espacio seguro» donde cualquiera que se sintiese afectada por el detonante pudiese recuperarse y obtener ayuda. La sala estaba abastecida de galletas, libros para colorear, pompas de jabón, manualidades infantiles, música relajante, almohadas, mantas y un vídeo de unas marionetas [...][45]

Sí, amigo mío, los pioneros de esta metamorfosis colectiva, de este retroceso a las inseguridades y temores de la más tierna infancia, improvisaron una especie de parvulario en la universidad para las estudiantes incapaces de soportar la opinión de una feminista que discrepaba de una consigna. Quien quiera saber qué es y cómo es una cultura de la violación debería leer a Ayaan Hirsi Ali. Y no, esa cultura no tiene nada que ver con los Estados Unidos ni con Europa. Pero quien considere que tal es el caso, debería poder atender, sin traumatizarse, a un debate al respecto entre escritoras feministas. Pocas cosas más esclarecedoras e instructivas que los contrastes de pareceres entre especialistas. También podría el estudiante receloso evitar ese acto académico y acudir a otro: la simultánea conferencia. O a ninguno de las dos. ¿Dónde está el problema?

El problema está en que un grupo organizado de estudiantes no querían que sus compañeros escucharan ciertos argumentos con la convicción de que resultarían ofensivos y traumatizantes. Dicha convicción se erigía sobre esta lógica: si alguien no admite que vivimos en un país donde impera la cultura de la violación, ese alguien no debería entrar en el campus. Nótese que el país donde los estudiantes más activos daban por indiscutible, literalmente, la existencia de una cultura de la

---

45   Jonathan Haidt y Greg Lukianoff, *La transformación de la mente moderna. Cómo las buenas intenciones y las malas ideas están condenando a una generación al fracaso*, Deusto, 2019

violación no era Siria ni Afganistán, sino EE. UU. La máxima autoridad de la institución académica no retiró la invitación, pero en vez de dejarlo ahí, esgrimiendo la libertad de expresión, sintió la presión suficiente como para declarar que ella se adscribía a la misma convicción que el grupo indignado. Es más, dispuso una conferencia simultánea donde no se pondría en duda el dogma. Esta cesión, más que discutible, no fue suficiente. De ahí la disposición del «espacio seguro» con galletas, pompas de jabón y música relajante. Los intolerantes creían realmente que aquellos temerarios dispuestos a atender las razones de una intelectual feminista con antecedentes de no comprar entero su pack de dogmas iban a resultar tan afectados que tendrían que regresar a su infancia y ser atendidos por especialistas. Esto último no se recoge en la cita, pero consta en el libro de Haidt y Lukianoff.

Hoy un argumento contrario traumatiza; por eso, las palabras del discrepante se interpretan como violencia. El concepto de seguridad que maneja tu generación, estimado, os pone en serio peligro de inviabilidad social, de fracaso profesional y de malestar personal crónico. La razón, por si la necesitas, es que no todo el mundo piensa igual que tú. O sea, que fuera de la burbuja vas a sentirte bastante traumatizado, frecuentemente agredido. Denuncias agresión incluso en el léxico (y hasta en la gramática) que, atañendo a una causa fragmentaria, no coincide con el tuyo. Te ofende el uso de ciertos términos y postulas su eliminación. Te enfurece la elusión de pronombres inexistentes fruto del capricho de un compañero.

Pretendes que los *inadaptados*, empeñados en expresar lo que creen y en hacerlo con su lenguaje, se callen o se les acalle. Que no les inviten porque su sola presencia es una provocación. Revientas los actos adonde acuden. Señalas a los que cuentan con ellos. Por si esto fuera poco, inviertes la situación acusando al que agredes de agresor, de violento al que violentas, de fascista al que coaccionas y pones en la diana. No reconoces su derecho a expresarse sin pertenecer a la tribu de tu causita de la semana. Todas estas conductas, jovenzuelo, te colocan fuera de nuestra civilización, que se basa en la libertad de expresión y en la posibilidad de crítica. Mira:

> Algunos están persuadidos de que [los] valores [sobre los que podemos construir] están amenazados por la libertad de expresión absoluta. [...] Lo opuesto es lo cierto. [...] Impedir que los individuos se expresen como les parezca representa una amenaza mucho mayor para la cohesión social. [...]

> Para evitar la acusación de partidismo es [...] prudente abogar con consistencia por el derecho de todos a hablar con libertad, independientemente de si aprobamos o no lo que tengan que decir. En cualquier caso, la acusación constituye en sí misma la admisión de un prejuicio. Si denunciamos la defensa de la libertad de expresión de nuestro oponente como una especie de subterfugio para promover una agenda inicua, ¿no estamos haciendo ya un juicio sobre la validez de la posición que él o ella pretende adoptar? [...]

> No es casual que la cultura de la cancelación se haya desarrollado en tándem con el aumento del escepticismo sobre la libertad de expresión. Hasta cierto punto, esto se reduce a una ruptura generacional. Hay estudios que confirman que hoy los jóvenes son más favorables a las restricciones gubernamentales del discurso. En otras palabras, tienden a percibir que la libertad de expresión está en conflicto con los derechos de las minorías, y están dispuestos a ajustarla en nombre de una sociedad más inclusiva.

> Afirmo que un conflicto semejante es ilusorio, y que la libertad de expresión es la única vía para asegurarnos de que se escucha a las personas marginadas. Poner límites al discurso para mejorar la tolerancia es como intentar extinguir un incendio con gasolina. [...]

Como argumenta Greg Lukianoff, «gente de todo el mundo está esperando obtener comodidad emocional e intelectual como si se tratara de un derecho. Eso es justo lo que cabe esperar cuando formas a una generación en la creencia de que ostenta el derecho a no ser ofendida. Al final, dejan de exigir libertad de expresión y empiezan a exigir liberarse de la expresión». Una cultura del sobrediagnóstico ha recalificado la angustia y el dolor emocional como formas de enfermedad mental, más que como aspectos de una existencia humana saludable. Sentirse contrariado no es una aberración; es señal de que estamos vivos.

El liberalismo ofrece un contrato social por el que estamos autorizados a atacar a la gente verbalmente en la medida en que renunciamos al derecho a hacerlo físicamente. Como señala Adam Gopnik, «atacar una ideología no solo es diferente a amenazar a una persona; es lo contrario a amenazar a una persona». Cuando interpretamos la violencia como discurso o el discurso como violencia, estamos quebrantando las condiciones por las que el contrato social puede funcionar. Hay un mundo de diferencia entre las palabras punzantes y el alambre de pinchos.[46]

Los alérgicos a la discrepancia estáis ganando. Pero a ti, personalmente, al margen de tu generación, no te conviene nada participar de un triunfo que acarrea tan alto coste. Como algún día descubrirás, lo que te conviene es incorporarte a las filas de los que estamos perdiendo la guerra cultural. Primero: por mal que pinten las cosas, el resultado no está escrito. Segundo: si resultamos derrotados y has luchado hasta el final, te salvarás de la mediocridad, te habrás formado intelectualmente para mejor combatir, te librarás de los altibajos emocionales bastardos, no harás el ridículo y te reafirmarás como individuo.

---

46   Andrew Doyle, *Free Speech and Why It Matters*, Constable, 2021 (Traducción del autor)

Por otra parte, ¿recuerdas lo que sucede cuando en un sistema se prohíbe la crítica? ¿No? Pues retrocede unas cuantas páginas y revisa lo de Karl Popper.

Lo bueno es que tú no necesitas una caída del (inexistente) caballo paulino. Eres muy joven, estás a tiempo de corregir el rumbo sin la mediación de improbables revelaciones. Si no lo creyera así; si no me constara tu coraje para saltar del barco y nadar contra corriente hasta alcanzar una roca; si no te supiera capaz de hacerte a la soledad durante una buena temporada; si no tuviera la certeza de que un día contemplarás la compleja realidad con un raro placer, sin apremios catastrofistas, sin interferencias ajenas a tus intereses; si no estuviera seguro de que tu naturaleza alberga una criatura indómita ahora dormida, ni de la fuerza de tu raciocinio, ni de otros sutiles dones, no me tomaría la molestia de escribirte estas líneas mientras procuro, con el mayor cuidado, que me sigas concediendo el beneficio de la duda. Sé muy bien lo que te ocurre. Atiende a Quintana Paz:

> El emotivismo ha borrado de nuestra memoria que a veces hemos de cumplir con nuestras obligaciones, aunque no sintamos nada al hacerlo, y que algunas cosas es necesario hacerlas no porque yo me sienta así o asá con ellas, sino simplemente porque son mi deber. Ha borrado que hay justicia e injusticia más allá de lo que a mí o a los míos nos parezca; ha borrado que hay formas de configurar tu vida que resultan esplendorosas y otras deplorables: pero no porque a mí me guste igual que me agrada lo moreno que te has puesto o ese modo peculiar que tienes de reírte, sino porque te ennoblecen o degradan de por sí.[47]

El sentimentalismo ha tomado los templos del conocimiento. La agitación y la propaganda, así como esa especie

---

47 Quintana Paz, *op. cit.*

de profesión no remunerada (o con remuneración aplazada) que llamamos activismo, han tenido espacio en la universidad durante muchos años. Pero esto es diferente, la libertad de expresión ya no cabe. Sin embargo, esta es fundacional, es esencial en democracia y es piedra angular de nuestra civilización.

Los nuevos inquisidores se tienen por progresistas, dicen defender «libertades» (el singular les incomoda) y acusan de fascistas a quienes les contrarían. Cuando conozcas la historia del comunismo, verás que se trata de un ardid muy viejo. El comunismo llamaba fascistas a los no comunistas, incluyendo a menudo a los socialdemócratas. También, etiquetaba como aliados del fascismo a los comunistas que quería liquidar.

Siendo esto tan sabido, los medios de comunicación —incluso los ajenos a la izquierda— siguen cayendo en la trampa y adoptan las podridas categorías. Admiten y reproducen la calificación de «antifascistas» para designar a las facciones más violentas de la izquierda. Casi da vergüenza decir esto, pero, ¿desde cuándo los fascistas o ultraderechistas defienden la libertad de expresión? Basta con no aceptar sus términos para ver con nitidez quién es quién.

Está a la vista. Mira quién coacciona, amenaza, boicotea, cuelga etiquetas infamantes a académicos e intelectuales que no encajan en los nuevos cánones hegemónicos. La intolerancia, la censura y el adoctrinamiento han saltado de los campus a los periódicos, editoriales, productoras cinematográficas y plataformas televisivas, empresas tecnológicas y hasta hospitales. La primera promoción de jóvenes que entraron en la universidad a mediados de la segunda década del siglo XXI ya trabajan y se ha desperdigado por numerosos sectores.

Siguen muy enfadados, son lo bastante agresivos para no pararse en barras y se sienten ofendidos varias veces al día dada su extrema susceptibilidad y su trauma común, que es el brutal contraste de su imaginario con la realidad. Son aquellos de los que hablaba Haidt, hoy lanzados al mundo. Han encontrado un modo de neutralizar el trauma del contraste. Ya verás. Son los primeros que, en vez de romper la burbuja en la que fueron educados, han resuelto introducir el mundo en su burbuja. Una serie de circunstancias políticas, sociales, económicas, culturales, empresariales y religiosas les ha permitido hacerlo.

Los códigos de los bárbaros que están tomando Roma son fáciles de asimilar, por fortuna para los agentes culturales, que desean gozar de buena reputación cuando la cancelación cultural y el múltiple furor identitario sean la única norma.

Fíjate. ¡Ahí! Sí, es Oxford. Palabras mayores. Se han concentrado para reclamar la retirada de la estatua de Cecil Rhodes en el Oriel College. Un caso más de cancelación cultural vía derribo. ¡Bah, qué nos importa Rhodes! No es eso lo que llama nuestra atención, sino el documento que ha encontrado *The Telegraph*. Dice que las partituras de música clásica son un sistema de representación colonialista que puede provocar angustia a los estudiantes negros. Me parece una observación bastante racista, ¿no crees? Sostiene que el programa de estudios peca de complicidad con la supremacía blanca por el repertorio clásico que incorpora. Que se presta demasiada atención a la música blanca europea de la época del esclavo. ¿No te parece que la coincidencia temporal no es un argumento en absoluto y que incluso como falacia es paupérrima? Está también el problema de que la mayoría de profesores de técnica son hombres y, encima, blancos. El hip hop y el jazz, dicen, al menos no son eurocéntricos. Bien, eso es cierto. Si no se estudia jazz en Oxford, debería estudiarse. Viene ahora algo simpático a fuer de estúpido: desean que también se pueda «estudiar» qué músicos le negaron a Trump el derecho a utilizar sus canciones. Creo que en un cuarto de hora se despacha esa lección.

Sergiu Klainerman es un notable matemático de origen rumano con plaza en la Universidad de Princeton. Combina sus clases con la investigación de la matemática de los agujeros negros y anda preocupado por el intento de convertir su disciplina en un problema de racismo. Como las causas fragmentarias, bien agitadas, estimulan la simpleza y el victimismo, Klainerman tiene que dedicar una parte de su precioso tiempo a combatir prejuicios inverosímiles. Está justamente consternado por el declive de la universidad y del resto de instituciones culturales, resultado de «abrazar la ideología política a costa del conocimiento». En una entrevista[48] confiesa: «Había pensado ingenuamente que las disciplinas STEM [ciencia, tecnología, ingeniería y matemáticas] se iban a librar de la ideologización».

Estaba equivocado. Los intentos de «deconstruir» las matemáticas, de negar su objetividad, acusarlas de sesgos raciales e infiltrarlas con ideología política, se han convertido en algo común, quizá incluso en la escuela elemental de tu hijo.

Este fenómeno forma parte de lo que se ha denominado «El gran despertar». Como otros ya han explicado muy bien, la ideología se incubó en la Academia, donde ha adoctrinado a muchas mentes brillantes. Entonces se trasladó, a través de esos auténticos creyentes, a importantes instituciones culturales, religiosas y políticas. Ahora está afectando a algunas de las empresas más preeminentes del país.

A diferencia del totalitarismo tradicional practicado por los antiguos países comunistas, como la Rumanía en la que me crie, esta versión es blanda. No impone su ideología encarcelando a los disidentes o eliminándolos físicamente, sino avergonzándolos socialmente, con pena de hostigamiento, haciéndolos culpables por asociación y mediante el discurso coercitivo.

---

48   *Common Sense*, 1 de marzo de 2021

En cuanto a la educación, creo que la ideología *woke* es incluso más dañina que el trasnochado comunismo. [...]

La ideología *woke* [...] trata tanto a la ciencia y a las matemáticas como constructos sociales y condena la manera en que se practican, en la investigación y en la enseñanza, como manifestaciones de supremacismo blanco, eurocentrismo y poscolonialismo.

Toma, por ejemplo, el reciente programa educativo llamado «una ruta hacia la instrucción matemática equitativa». El programa está apoyado financieramente por la Fundación Bill y Melinda Gates. [...] El programa sostiene que «la cultura de la supremacía blanca se manifiesta en el aula cuando el enfoque se centra en obtener la respuesta *correcta*» o cuando se pide a los estudiantes que muestren su trabajo, a la vez que se establece que el mismo «concepto de matemáticas como algo puramente objetivo es inequívocamente falso». El objetivo principal del programa es «desmantelar el racismo en la enseñanza de las matemáticas». [...]

En el pasado, habría dicho que tales afirmaciones deberían ignorarse, pues al ser tan radicales y absurdas no merecen refutación. Pero las tendencias recientes en el país sugieren que ya no nos podemos dar ese lujo.

Por lo tanto, permita que afirme algo para que quede constancia: nada en la historia ni en la práctica actual de las matemáticas justifica la idea de que estas difieran o dependan en modo alguno de la raza particular o el grupo étnico implicado.

La idea de que centrarse en obtener la «respuesta correcta» se considere ahora entre algunos sedicentes progresistas como una forma de prejuicio o de racismo es ofensiva y extraordinariamente peligrosa. [...]

No existe tal cosa como las matemáticas «blancas». No hay ninguna razón para dar por hecho, como hacen los activistas, que los niños pertenecientes a minorías no están capacitados para las matemáticas o para dar con la «respuesta correcta». Y no puede justificarse, ni en nombre de la «equidad» ni en el de ninguna otra cosa, que se prive a los estudiantes de la educación rigurosa que necesitan para triunfar. Los verdaderos antirracistas se plantarán y se opondrán a este sinsentido.[49]

Se hace difícil de digerir que «el gran despertar» haya llegado a las ciencias duras. Hasta ahora nos las habíamos visto con las humanidades. Por adoptar la terminología del profesor rumano, el totalitarismo blando lo ha infectado todo. No voy a llevarme las manos a la cabeza, ni a exprimir los adjetivos por ver si alguna vez te indignas en la dirección correcta. Piensa por ti. Concluye por ti. Yo solo señalaré que, por muy buenas que consideren sus propias intenciones los señores Gates al financiar semejantes programas, lo cierto es que rezuman racismo. Todo el identitarismo de raza, en realidad, rezuma racismo. Racismo esparcido a los cuatro vientos desde una atalaya de paternalismo insultante.

Algún día lo lamentarán los engañados. Tú no tanto. Es en Estados Unidos donde más problema tienen dada su historia. Yo ya había nacido cuando allí, en algunos lugares, todavía se segregaba a los negros en transportes, escuelas, bares o baños. La cuestión es que todo eso se terminó a mediados de los sesenta. El sueño de Martin Luther King se había materializado. Y entonces, a partir de los estudios críticos, de la teoría crítica de la raza, se ha establecido que existe un racismo sistémico. De ahí, mediando el tiempo, lucir un distintivo BLM ha pasado a ser otra forma de alardeo moral de las élites. Mientras escribo estas líneas, la embajada de Estados Unidos en España luce una gran pancarta con esas siglas. No me esforzaré demasiado en argumentar lo obvio: el hecho de que el nombre de

---

49   Ibíd.

una organización, movimiento, asociación o partido consista en una afirmación indiscutible no es garantía de nada. Black Lives Matter. Evidentemente. Cobijados tras el lema, que es también marca, los impulsores del movimiento se aseguran de que nadie hurgue tras la justa afirmación. Las vidas de los negros son más que importantes, son sagradas, como todas las vidas humanas. Admitido lo cual, ¿hay que callar todo lo que la marca ha provocado?

Tenemos derecho a enterarnos de que las fundadoras del movimiento son marxistas. No pasa nada. Es un dato. Uno interesante. Todo nació a iniciativa de tres mujeres en las redes: Alicia Garza, Patrisse Cullors y Opal Tometi. Cullors tuvo que abandonar la dirección en 2021 tras recibir un aluvión de críticas por la falta de transparencia en la gestión de los fondos recibidos en concepto de donaciones, unos noventa millones de dólares solo en 2020. Sus críticos eran militantes de BLM y familiares de víctimas de violencia policial, aunque ella achacó los ataques a «la derecha». Como marxista, sabe que eso funciona. Asimismo, consta que Cullors adquirió tres casas entre 2016 y 2020 por más de un millón y medio de dólares, algo que antes de fundar BLM no podía permitirse. El *New York Times* añadió otra compra: una cuarta casa de 1,4 millones de dólares en 2020, junto con su esposa.

Hubo violencia en varios centenares de los casi ocho mil disturbios y protestas que tuvieron lugar en Estados Unidos, bajo la bandera BLM, tras la muerte por abuso policial de George Floyd. «El incendio provocado, el vandalismo y el saqueo entre el 26 de mayo y el 8 de junio se tabularon para [sic] haber causado entre mil y dos mil millones en daños asegurados a nivel nacional, el daño más alto registrado por desorden civil en la historia de los Estados Unidos», recoge Wikipedia en su artículo «Protestas por la muerte de George Floyd». Como no eres estúpido, no necesito señalarte que estos datos no niegan la violencia policial, especialmente contra los negros, en Estados Unidos. Si quieres conocer un buen enfoque al respecto, puedes leer *Hablar con extraños*, de Malcolm Gladwell.[50]

Observa los fenómenos en su conjunto. Comprende cada problema y, si puedes, contribuye a su reducción o a su solución. Que otros apoyen ciegamente las causas, que otros se ofendan ante la presentación de hechos incómodos. El nombre que con acierto escogieron las impulsoras de BLM contiene una afirmación cierta y una reivindicación justa. Las vidas de los negros importan. Pero te lincharán en las redes si enfocas la cuestión con más certeza y con más justicia: la vida humana es sagrada y posee una dignidad irreductible. Emplear solo los términos de un movimiento en manos ideologizadas impulsa algo más que el fin de la violencia policial contra los negros. Escribe Douglas Murray:

> Justo cuando las diferencias raciales se estaban diluyendo, de repente, se creaba para ellas un cajón aparte: la «literatura negra», como la «literatura gay» o la «literatura de mujeres», empezó a tener su propia sección en librerías y bibliotecas.

> Como en el caso del feminismo, cuando los estudios negros ya casi habían obtenido la victoria y cuando la igualdad racial había alcanzado niveles nunca vistos, la disciplina abrazó una nueva y ferviente retórica y un nuevo conjunto de ideas. Del mismo modo que una popular corriente del feminismo había pasado de celebrar a las mujeres a vilipendiar a los hombres, una parte de los estudios negros empezó a atacar a quienes no fueran negros. La misma disciplina que había nacido para desestigmatizar a un grupo ahora estigmatizaba a otro. El equivalente racial de la cuarta ola feminista llegó con el desarrollo de los «estudios blancos», materia que hoy en día se enseña en todas las universidades de la Ivy League [...] Gracias a este

---

50   Taurus, 2020

vástago de la teoría crítica de la raza, ahora la Universidad de Wisconsin ofrece una asignatura llamada «El problema de la blanquedad» [...]

La *Research Encyclopedia* de la Universidad de Oxford describe los estudios blancos como:

«Un campo de estudio en expansión cuyo objetivo consiste en revelar las estructuras invisibles que generan la supremacía y el privilegio blancos. Los Estudios Críticos de la Blanquedad presuponen una determinada concepción del racismo que se halla relacionada con la supremacía blanca».

Pese a ser algo que meramente se «presupone», la autora de esta entrada —Barbara Applebaum— [...] y otros colegas viven a costa de la presunción. [...]

A diferencia de los estudios negros, que celebran la historia y a los autores negros, o de los estudios gais, que rescatan a los homosexuales del anonimato de la historia, los «estudios blancos» no son una disciplina —si es que así puede llamársela— que glorifique su objeto de estudio. Tal y como afirma orgullosamente Applebaum, la finalidad de los «estudios blancos» consiste en «oponerse al racismo mediante la problematización de la blanquedad», a modo de medida «correctiva». [...]

Alguien, evidentemente, podría pensar que [...] definir a todo un grupo de personas [...] a partir tan solo de sus características raciales es, en sí, un ejemplo diáfano de racismo. Para que la «blanquedad» pueda «problematizarse», hay que demostrar que las personas blancas representan un problema [...] Como suele ocurrir, el trasvase de esta idea desde la academia al resto de la sociedad ha encontrado a sus valedores más prominentes entre las celebridades.[51]

51   Douglas Murray, *La masa enfurecida*, Península, 2020

Subyace en Murray un encomio que solo podemos compartir, el de quien sabe hasta qué punto unas causas admirables y necesarias —como la del feminismo, la lucha contra la discriminación de los homosexuales o la defensa de los derechos civiles para la población negra estadounidense— obtuvieron victorias que se han consolidado, haciendo nuestras sociedades occidentales más justas y blindando la legitimidad de nuestras democracias liberales. Subyace asimismo en el autor británico la desolación al constatar cómo, una vez alcanzados los grandes objetivos, la academia y los agentes culturales difundieron con éxito una nueva colección de prejuicios. Presentados como avances de aquellas nobles causas, en realidad conllevan un regreso al racismo, el borrado de la mujer, la confrontación de sexos, la frívola multiplicación de géneros, la obsesiva búsqueda y explotación de identidades, su caprichosa intersección, el antagonismo social, el silenciamiento de la crítica, la cancelación cultural y la incompatibilidad de todo esto con los derechos y libertades consagrados y con el concepto liberal de igualdad. Súmale una ventana de Overton que no dejará de ensancharse, el desprecio al conocimiento en la escuela, su sustitución por el adoctrinamiento ideológico y, claro está, el sentimentalismo como motor.

Verás, a poco que te apliques, que un discurso de fondo lo impregna todo. Es raro y deslavazado, pero ahora ya cuentas con claves para descifrar su sentido, su origen y las intenciones de los emisores. Desde las series que ofrecen las plataformas, con su formidable alcance, hasta el contenido de las clases en el aula. El discurso de fondo arroja una sombra de sospecha sobre ti por el hecho de ser hombre. Te obliga a plantearte tu identidad desde la terrible premisa de que eres un violador en potencia. Deberás revisar muy cuidadosamente los términos que empleas, aunque a ti te parezcan de lo más normales. Tendrás que aceptar la presencia de un trasfondo «de género» en cualquier materia, del urbanismo a los incendios, de la ingeniería al tratamiento de residuos. (No son ejemplos gratuitos). Acuérdate de Sergiu Klainerman y las disciplinas STEM. Aunque no vaya por ahí tu vocación, piensa en esto: si los ámbitos técnicos deben también ser revisados según la pauta de los estudios de género, nacidos en departamentos de humanidades, hasta qué punto no habrán impregnado ya las ciencias blandas, que te llaman más: la historia, la sociología, los estudios literarios, la psicología, la lingüística, el derecho, la economía. Siempre más estarán *cargadas* como dados tramposos las discusiones sobre... cualquier cosa.

Puede valer la pena analizar la historia desde la perspectiva del género o la «raza». Hacerlo prioritario en la educación no parece tan justificado, salvo que tus docentes sigan una agenda política y sus clases estén orientadas al proselitismo. Pero esa agenda no es tuya ni de tus padres. No debiera haber agenda. Te la han colado como si fuera lo más normal del mundo, hasta que ha pasado a serlo. Es la victoria total e imprevisible de la *Critical Race Theory* y el resto de la familia ideológica. Lo dejamos en inglés en consideración a su origen. Por cierto, durante décadas creímos que la palabra raza debía desaparecer de las taxonomías humanas. Hubo una interesante polémica al respecto en la UNESCO, en los años setenta, con Claude Lévi-Strauss de por medio. Apasionante, pero no podemos detenernos. Ojo con lo que nos estamos llevando por delante. Como dos teóricos críticos de esa familia intelectual señalan:

> A diferencia del discurso tradicional de los derechos civiles, que pone el acento en el incrementalismo y en el progreso paso a paso, la teoría crítica de la raza cuestiona los propios cimientos del orden liberal, incluyendo la teoría de la igualdad,

el razonamiento legal, el racionalismo de la Ilustración y los principios de neutralidad del Derecho Constitucional.[52]

Las otras teorías críticas cuestionan en similar medida los cimientos del orden liberal y lo minan al devenir en causas fragmentarias articuladas. Infórmate sobre los efectivos avances que «paso a paso» ha dado en Estados Unidos la lucha contra el racismo y pregúntate qué es mejor en la práctica: ese incrementalismo o una revolución que desdeña todo lo conseguido. Lo mismo se aplica a la consecución de la igualdad de derechos de la mujer. Lo que desdeña la nueva revolución americana de la «raza» (comillas porque la aplicación del término al ser humano es racista) habrá que compararlo, en todo caso, con los logros efectivos del incrementalismo.

Consecuciones de la revolución de la «raza»: deportistas, políticos, artistas, unidades de policía y multitud de gente anónima, transidos de dolor histórico, se arrodillan en un gesto de contrición por las ofensas que otros infligieron en el pasado. Una parte de esa gente anónima realiza el gesto del arrepentido que implora perdón a instancias de personas de color en situaciones donde resultaría peligroso negarse a hincar la rodilla en tierra o, incluso, poner algún reparo a besar las botas de un desconocido que, de repente, y sin más aval que el color de su piel, encarna a todas las víctimas de una larga historia de abuso y discriminación. ¿No lo has visto? Búscalo en la red.

Más consecuciones: en producciones para cine o televisión de obras clásicas, actores negros encarnan personajes que no lo son, sin que quepa siquiera pensar en un juego inverso. Tal atrevimiento reflejaría un racismo insoportable. Admitámoslo. Sin embargo, lo primero es una práctica normalizada

---

52   Richard Delgado y Jean Stefancic, *Critical Race Theory: An Introduction*, 2017, citado por Helen Pluckrose y James Lindsay en *Cynical Theories*, Pitchstone Publishing, 2020

por la insistencia, y se tiene por saludable. Quien ponga algún reparo (en público) a una Ana Bolena africana-americana, como se dice en Estados Unidos, es un cafre intolerante, un reaccionario miserable y un racista de tomo y lomo.

Decide tú si prefieres los avances efectivos obtenidos gracias al incrementalismo liberal, que no dejan de ser la realización de los objetivos de Martin Luther King, o gestos simbólicos como los citados. Yo lo tengo claro: no se acaba con el racismo a base de ver racismo en todo, por parafrasear a Pluckrose y Lindsay.[53]

Al aceptar lo identitario como clave de comprensión del mundo y de nuestro lugar en él, te has tragado una rueda de molino. Has asumido, sin ir más lejos, que la mitad de la humanidad, las mujeres, son una minoría. Y las minorías identitarias exigen una revisión de todo lo que la cultura ha producido. De todo, digo: si hay mujeres de por medio (casi siempre las hay), por eso mismo. Si no las hay, con más razón, pues debería haberlas.

Media humanidad es una minoría y la otra media no. Las matemáticas socioafectivas nos ayudarán a superar este problema. A partir de ahí se desencadenarán consecuencias ajenas al feminismo tal como se ha entendido hasta que llegó su tercera ola. Más que ajenas, opuestas. Así, por prolongar la desolación de Murray, cuando Occidente ha logrado las más altas cotas de igualdad entre sexos que han conocido los siglos en materia de derechos y oportunidades, te encuentras con que la propia palabra «sexo» ha sido desterrada, salvo para tratar de relaciones sexuales, y se ha sustituido por la voz «género». El cambiazo lo trastoca todo, puesto que el sexo es una condición biológica y el género una construcción cultural. La naturaleza se ignora: declarar que un bebé ha nacido niño o niña resulta

---

53   2020

ofensivo para los más concienciados, punta de lanza cultural y voz cantante. No en balde la obra de Steven Pinker *La tabla rasa*,[54] de obligatoria lectura, lleva por subtítulo *La negación moderna de la naturaleza humana.*

Comprenderás que negar la naturaleza humana desde la ciencia no puede conducir a nada bueno. Examinaremos algunas reflexiones de Pinker al respecto. Nos interesan porque, a la vez que reconoce los avances en la igualdad (la igualdad liberal) debidos al feminismo, diferencia esta benéfica corriente, mucho más amplia que una ideología, de esa otra cosa que los diseñadores de las políticas de género y los defensores de la autodeterminación de género entienden hoy por feminismo.

En cuanto a lo primero, el reconocimiento del feminismo, incluyendo un esquema de sus distintas olas, explica Pinker:

> La principal causa del progreso de las mujeres es el feminismo: los movimientos políticos, literarios y académicos que encauzaron esos avances hacia cambios tangibles en las políticas y las actitudes. La primera ola de feminismo, que en Estados Unidos va de la convención de Seneca Falls de 1848 hasta la ratificación de la Decimonovena Enmienda de la Constitución en 1920, dio a las mujeres el derecho al voto, a formar parte de los jurados, a tener propiedades dentro del matrimonio, a divorciarse y a recibir una educación. La segunda ola, que floreció en los años setenta del siglo pasado, llevó a las mujeres al mundo profesional, cambió la división del trabajo en el hogar, desveló la discriminación sexista en las empresas, el gobierno y otras instituciones y dirigió la atención hacia los intereses de las mujeres en todos los ámbitos de la vida. El reciente progreso en los derechos de las mujeres no ha privado al feminismo de su razón de ser. En gran parte del tercer mundo, la posición de las mujeres no ha mejorado desde la

---

54   Paidós, 2003

Edad Media, y en nuestra propia sociedad, las mujeres sufren aún la discriminación, el acoso y la violencia. [...] Igualdad no significa afirmar empíricamente que todos los humanos son intercambiables; es el principio moral de que los individuos no se hayan de juzgar ni limitar por las que son las propiedades medias de su grupo.

Impecable. Espero que hayan quedado claros y fuera de discusión los efectos favorables para el conjunto de la sociedad occidental de los feminismos de primera y segunda ola. En cuanto a la política de género, afirma el psicólogo canadiense:

La política de género es una razón importante de que la aplicación de la evolución, la genética y la neurociencia a la mente humana cuente con una dura resistencia en la vida intelectual moderna. Pero, a diferencia de otras divisiones humanas como la raza y la etnia, donde cualquier diferencia biológica, si existe, es menor y científicamente irrelevante, no es posible ignorar el género en la ciencia de los seres humanos. Los sexos son tan antiguos y complejos como la vida, y son un tema esencial de la biología evolutiva, la genética y la ecología conductual. No contemplarlos en el caso de nuestra especie significaría hacer una auténtica chapuza en nuestra interpretación del lugar que ocupamos en el cosmos. Y, evidentemente, las diferencias entre hombres y mujeres afectan a todos los aspectos de nuestra vida. [...] Ignorar el género sería ignorar una parte fundamental de la condición humana.

He aquí el problema de la nueva hegemonía cultural por lo que hace al sexo: lo ignora. Se desentiende de la naturaleza en pos de un concepto cultural: el género. Por eso puede resultar confuso que Pinker utilice en el párrafo citado «género» como sinónimo de «sexo». La equivalencia estaba consolidada en la lengua inglesa antes de esta revolución; en lenguas romances se fue introduciendo más tarde la sinonimia. El caso es que el género se construye. En la nueva sensibilidad mayoritaria, ya imperante en las ciencias duras, el género debe poder elegirse a través de un acto de voluntad. Sin más. El hombre se convierte en mujer y la mujer en hombre por una decisión inmediata que vincula al resto de la sociedad. Y puesto que el género se construye, no hay razón para seguir ciñéndonos a dos. Detrás de las políticas criticadas por Pinker, esas que nos conducen a la «chapuza en nuestra interpretación del lugar que ocupamos en el cosmos», hay una ideología concreta, la ideología de género, que se incardina en un pensamiento global y que se enlaza con el resto de movimientos identitarios.

Ya conoces la lista, nunca cerrada. No descuides, dado nuestro origen catalán, los nacionalismos de raíz romántica que en Europa vuelven a despertar fuertes sentimientos de agravio. También de pertenencia, pero en un sentido contrario al de la construcción europea. Hoy son un eslabón más, especialmente deletéreo, en la cadena de causas fragmentarias. Por su naturaleza, esos nacionalismos están programados para chocar con el Estado democrático de Derecho más violentamente que otras causas.

Es un rasgo revelador de las causas fragmentarias que su discurso canónico solo sirva y se respete en la vida pública. En la privada no reporta nada, no se recuerda, no incide, y hasta resulta risible cuando añade desinencias improbables e inventadas en las lenguas que, dúctiles, las admiten, bien que torturadas. El discurso monopoliza el espacio público, donde adquiere de repente todo lo que le falta en privado: se vuelve solemne, inapelable y, sobre todo, emocionante; te aproxima a algo indefinido y deseable, tentador, te hace sentir parte de una comunidad en movimiento. Las premisas del discurso no se defienden en la práctica contrastando argumentos, sino a través distintos grados de coacción. Discutirlas es peligroso para el docente y el alumno, para el periodista y el novelista, para el psicólogo y la feminista situada en la corriente que sí obtuvo resultados, mejoras en la vida de muchos millones de personas. ¿Qué ideas son esas que no admiten discusión pero que se esfuman tan pronto como cierras la puerta de tu casa? Parecen más bien dogmas hipócritas, peajes.

El mundo ha caído rendido ante las categorías y nociones de pensadores que solo unos pocos han leído y que, en general, caben bajo el paraguas de la posmodernidad. Sé de tu curiosidad. Busca a Derrida y a Foucault, para empezar. Con Foucault sacarás algo de provecho, no perderás de tiempo. Probablemente no entiendas casi nada al principio. No es un problema tuyo: son deliberadamente oscuros. Seguir sus razonamientos exige una dedicación que difícilmente hallaremos fuera de los círculos académicos. Dominar su terminología esotérica otorga ventajas a quien desee hacer carrera en la universidad y sus aledaños. Hay un marxismo de fondo, muy revisado por la pérdida de interés en la clase social y por la refocalización en asuntos como el sometimiento. Orientan nuestra atención hacia cuestiones más amplias y poderosas. Sus ópticas pueden generar ilusiones propias de los sistemas teóricos omniexplicativos.

El primero en plantear que los sabios debían gobernar fue Platón, sin gran éxito en su caso. Pero el primero en reivindicar el gobierno de los intelectuales, vía hegemonía, fue el comunista Antonio Gramsci. Es improbable que previera su tardía y crucial influencia. Murió en 1937, después de pasar más de diez años en una prisión de la Italia fascista. El patronazgo gramsciano en lo que hoy llamamos guerra cultural (y que no hay que confundir con la Kulturkampf alemana del siglo XIX) ha sido ampliamente reconocido, sobre todo por los que no estamos en el campo hegemónico. Mi respeto hacia Roger Scruton, cúspide a mi entender del pensamiento conservador contemporáneo por su erudición y clarividencia, me inclina a presentarte en sus términos la relevancia de Gramsci y de su Teoría de la hegemonía. Como siempre, con el fin secundario (o acaso prioritario) de que algún día leas a los dos con provecho: al inglés y al italiano.

[...] La clase burguesa mantiene el poder no solo porque controla los medios de producción [dogma marxiano], sino también porque mantiene su «hegemonía» en la sociedad civil y el Estado, ya que reserva para sí los puestos del gobierno y las posiciones claves de influencia en todas las instituciones de la sociedad civil. La religión, la educación, la comunicación, además de la sociedad civil al completo, se encuentran sometidas al control de la burguesía.

El resultado de esta hegemonía es doble. Primero, capacita a la clase para ejercer (ya sea consciente o inconscientemente) una voluntad política concertada y así controlar los posibles efectos de una crisis posible, asegurando de este modo la supervivencia del orden social del que deriva su poder. En segundo término, pone en manos de la clase gobernante los instrumentos de educación y adoctrinamiento, por lo que se puede difundir la creencia de su propia legitimidad. [...]

La teoría marxista de la historia, que explica todo el desarrollo histórico como producto de los cambios en la infraestructura económica, es falsa. El desarrollo histórico es tanto el resultado de la voluntad política como de procesos «materiales».

Gramsci no lo dice de este modo [...] Sin embargo, la refutación que hace Gramsci del determinismo marxista resulta fundamental [...] La política comunista es posible, no como un movimiento revolucionario desde abajo, sino como continuo reemplazamiento de la hegemonía dominante, es decir, como una larga marcha por las instituciones [...] La superestructura será gradualmente transformada hasta el momento en que el nuevo orden social, cuyo surgimiento bloqueó la vieja hegemonía, sea capaz de salir adelante por sus propias fuerzas. Este proceso, llamado «revolución pasiva», se puede iniciar solo uniendo dos fuerzas: la ejercida desde arriba por los intelectuales comunistas [...] y la ejercida desde abajo por parte de las masas. [...]

Gramsci supuso que las masas se unirían detrás de los intelectuales [...] La revolución, de acuerdo con Gramsci, no es una fuerza ineluctable que nos barre, sino una *acción* que llevan a cabo individuos heroicos. Pero se trata de una acción que se puede realizar sin ensuciarte las manos en la fábrica. Puedes seguir trabajando tranquilamente en cualquier oficio confortable que haya sido provisto, y desde esa posición trabajar en el derrocamiento de la hegemonía burguesa, mientras disfrutas de sus beneficios. Una filosofía así es extremadamente útil para el intelectual—cuyas ideas y paciencia se verían severamente cuestionadas fuera de la universidad— y es la filosofía natural de la revolución estudiantil [...]

Se identifica un enemigo, se define la «lucha» y se ofrece una teoría para demostrar que te puedes sumar a la lucha que emprenden los héroes quedándote simplemente sentado en tu escritorio. [...]

La importancia de Gramsci para nosotros hoy reside en su decidido intento de sacar la revolución de las calles y de las fábricas y llevarla al ámbito de la alta cultura. Rediseñó el programa de la izquierda como una revolución cultural, como una revolución que podría realizarse sin violencia y cuyo sitio eran las universidades, los teatros, las salas de conferencias y las escuelas donde los intelectuales encuentran su audiencia principal. [...] Tenía que ser un trabajo de subversión intelectual, que identificara las redes de poder, las estructuras de dominación, que se esconden en el seno de la alta cultura de nuestra civilización, con el fin de liberar las voces oprimidas. Desde entonces, este ha sido el currículum de las humanidades.[55]

---

55   Roger Scruton, *Pensadores de la nueva izquierda*, Rialp, 2020

Ojalá hubiera contado yo con un Scruton en el seminario sobre Gramsci que seguí en la facultad de Derecho, más o menos a tu edad, pues fue durante el primero de los cinco cursos. Me interesó, claro, pero ni de lejos supieron transmitirme la nuez de la teoría gramsciana. Gramsci abrió el camino por el que hoy transitan los hegemónicos. Un camino largo con adaptaciones, las más importantes de las cuales se deben a los pensadores posmodernos, tributarios de la Teoría crítica y prismas humanos de las luces de los tiempos en su correr.

En ese correr serán cruciales los distintos modos en que la izquierda occidental reaccionó al aplastamiento soviético de las Revoluciones húngara (1956) y checoslovaca (Primavera de Praga, 1968), la Revolución parisina de mayo de ese mismo año, el enorme influjo —hoy evaporado— de Jean-Paul Sartre, la deriva de la Revolución cubana, el derrumbe en 1989 del comunismo soviético y el de todos sus satélites, el eco nulo de la *tercera vía* socialdemócrata de Giddens, la acogida de la revolución en las telecomunicaciones y la era internet y la paradójica atomización que ha acompañado a la globalización. En el mundo más complejo que ha existido surge un deseo de modelos más y más simples. Ni puedo ni quiero profundizar por carta en estos procesos. Sería una osadía. Sobre cada uno de los hitos del camino se han escrito, sin exagerar, centenares o miles de libros. Como sé mejor que nadie lo que te impresiona, te dejo un caramelo:

El mismo año en que se derrumbaba el comunismo, 1989, el filósofo Gianni Vattimo prefiguró en *La società trasparente* una especie de disposición colectiva a los fenómenos que hoy nos ocupan. La erudición con que maneja y relaciona el pensamiento de filósofos que extravían hasta a los especialistas podría hacer que, probado el caramelo, optes por descartar la lectura de su obra. Haces bien, aún no es el momento. La clave —saborea, muchacho— es cómo repara en que «la universalidad en que pensaba Kant se realiza para nosotros solo bajo el aspecto de la pluralidad». Cómo subraya la «multiplicidad de los modelos». Cómo ve que «el ser se aligera». Cómo argumenta (piensa en la explosión de los estudios culturales) que:

> El estudio de las «otras» culturas ocurre ya siempre en un contexto que hace imposible y artificiosamente falsa la pretensión de representarlas como objetos separados; ellas son, por el contrario, los interlocutores de un diálogo que, una vez reconocido, plantea, sin embargo, el problema del horizonte común en el que de hecho acontece, viniendo a abolir así la pretendida separación presupuesta por el relativismo.[56]

Lo más asombroso es su desarrollo del concepto de heterotopía (que toma de Foucault, aunque no lo reconozca). Lo que Vattimo presiente aquí es el protagonismo que van a tomar los grupos identitarios aislados. Dada la importancia que concede en su teoría a los medios de comunicación, no es aventurado afirmar que el filósofo italiano estaba previendo con varias décadas de antelación los canales de YouTube, las plataformas, la explosión de una miríada de medios adaptados a públicos muy segmentados y el crucial advenimiento de comunidades virtuales. Todo aquello, en fin, que ha conferido la fuerza suficiente a las causas fragmentarias con que la izquierda acabaría llenando el hueco que dejaba el fin del comunismo. Y eso, repito, el año en el que el comunismo caía.

En cuanto a la influencia de la deconstrucción, ha sido enorme en la academia pese a su falta de formulación formal y estructurada. Familiarizarse con la deconstrucción es un rito de iniciación para cualquiera que pretenda abrir la boca en un debate de cierto nivel. Del padre de esa… cosa, Jacques

---

56   Gianni Vattimo, *La sociedad transparente*, Paidós, 1990

Derrida, te dejo una gominola. En cuanto la ingieras, pensarás que te he colado la cita a modo de broma. Te equivocas.

¿Lo que la deconstrucción no es? ¡Pues todo!
¿Lo que la deconstrucción es? ¡Pues nada![57]

No tienes por qué dedicar tu tiempo a los teóricos posmodernos si no te apetece. Pero créeme: dominar la jerga de algún autor oscuro del siglo xx —si es posible de varios, relacionarlos entre sí y, de paso, con algún gran pensador del pasado— es la única forma de prosperar en los círculos académicos occidentales. Sin duda en las humanidades. En las ciencias duras es una ventaja competitiva, además de un sello de distinción que quizá el mercado puro no remunere, pero sí el dependiente o conectado con las políticas públicas. ¿Qué gran proyecto de obra pública o de urbanismo no lo está?

En las ciencias blandas, que son las nuestras, hay un punto a partir del cual puedes afirmar todo lo que se te ocurra, cualquier cosa. Intenta que sea bien disparatada, siempre que intercales la jerga adecuada, y tus alumnos te contemplarán con reverencia como a un apóstol. No te traigo las pruebas de la catástrofe, de la irrupción de lo irracional y del sinsentido en los palacios del saber, pero existen. Busca en Wikipedia *Imposturas intelectuales* y alucina.[58] En el artículo, por cierto, viene una lista no exhaustiva de los autores oscuros.

Si la curiosidad o el morbo te empujaran a una excursión por el hipertexto o, en un gesto que celebraría, a una buena librería, ten en cuenta esto: no hace falta que entiendas (en el sentido cabal de la expresión) nada de los oscuros. Solo hace falta que, leyéndolos, intuyas por dónde van los tiros. ¿O vas a ser más riguroso que los especialistas? Reserva el rigor para Hegel y Kant. La aproximación a Kristeva, Derrida o Irigaray

---

57   Jacques Derrida, *El tiempo de una tesis*, Proyecto A Ediciones, 1997

58   Alan Sokal y Jean Bricmont, 1997

no va de rigor. Va de visitarlos y llevarse un puñado de expresiones fetiche a modo de *souvenirs*. La gramática parda del pícaro, la astucia del buscavidas, ha saltado a las cátedras, desde donde tienes la ventaja de encargar pesadísimos trabajos a tus alumnos más abnegados, hacer un juego de manos con ellos y firmarlos tú. Uso la segunda persona del singular como recurso. Nadie mejor que yo sabe que, cuando lees, tratas de entender, y que si algo no eres es un pícaro. En el futuro te vendría bien desarrollar un poco esa vertiente de la inteligencia práctica. De todos modos, sé que no lo harás porque, simplemente, carecemos de esa aptitud.

El salto de las nociones seminales de la posmodernidad desde la academia al resto de la sociedad sigue un curso previsible: lo hizo a través de años y años de clases impartidas por iniciados. Obtenido su grado, los que desean seguir en la universidad ya saben por dónde deben discurrir sus trabajos e investigaciones. Además, los estudios de género, raciales, poscoloniales, de justicia social, etc., se han convertido en materias académicas en sí mismas, en asignaturas, en especialidades y, finalmente, en carreras que, por su valoración social, abren puertas que con otro bagaje se resistirían. El precio de aprender una jerga no parece tan alto y las puertas de las que hablo no son cualquier cosa. Dan acceso a instancias elitistas, a organizaciones internacionales, a oenegés de relumbrón. Sí, oenegés. Por si todavía no lo sabes, uno se puede ganar muy bien la vida en una oenegé.

No sobre el terreno, ojo, adonde van a parar personas sacrificadas y admirables que consagran años de su vida, o toda ella, a los demás. En el mando. Hay mil nombres de oenegés que nunca hemos oído y que básicamente cubren las vergüenzas de pequeños grupos de captación de subvenciones. Es más, una parte importante de los presupuestos de algunas reconocidísimas entidades del ramo se dedica a salarios. Entre las más famosas del mundo se han dado reiterados casos de corrupción. ¿Y qué? La mera mención de una oenegé suscita una inmediata expresión de respeto en los circunstantes, acompañada de un ligero asentimiento de cabeza. Concede una ración de prestigio gratuito al que exhibe familiaridad. Los referidos salarios son a menudo «muy competitivos», según la fórmula al uso. Un consejo: a la hora de evaluar a alguna de estas organizaciones, guíate por la agresividad de sus captadores de donaciones —es decir, sus comerciales—, a menudo explotados, y por el tono y contenido de su publicidad.

No se puede pretender que en un lugar miserable nazca el círculo virtuoso de la prosperidad y, a la vez, presionar a las empresas que allí se han trasladado para que paguen a sus trabajadores locales lo mismo que a sus empleados europeos, blindados por convenios sindicales y sometidos a un coste de la vida mucho más alto. La principal razón de las inversiones directas en África o en Asia, ingenuo joven, fue la voluntad de reducir costes. Salariales para empezar. Una estrategia empresarial común en el sector secundario ha sido, durante muchos años, competir reduciendo costes. Si eso implicaba ir a buscar los factores de producción allá donde fueran más baratos, esta estrategia formaba parte de la «globalización», y así se decía ya antes de la revolución de internet. Naturalmente, la etiqueta incluía la disposición a abrirse al mundo como un escenario único a la hora de vender o de establecer colaboraciones estratégicas. En la primera acepción de globalización, los recursos humanos locales debían contar con capacitación suficiente para desarrollar su trabajo. Y eso no solo tiene que ver con la formación, sino también con la experiencia. Cuanta más han adquirido, más ha podido aumentar su remuneración.

Los boicots y campañas contra empresas multinacionales por «explotar» a trabajadores del tercer mundo (expresión que ha caído en el desuso) solo ha venido bien en la práctica a los sindicatos occidentales, que se sacudían de un plumazo la competencia de hombres y mujeres en situaciones extremadamente precarias. Estaban muy lejos, y ya sabes: ojos que no ven, corazón que no siente. En el mundo sentimentalizado, la pobreza no se puede contextualizar. Por eso, pocas veces se explican las consecuencias de los boicots que tienen éxito: devolver a la miseria a gente que estaba saliendo de ella. Luego se les vuelve a mostrar paupérrimos, fuera de contexto, y, por supuesto, se culpa al capitalismo, que es el sistema que pudo salvarles. O no se les muestra nunca más, no vayan a manifestar su deseo de que la multinacional explotadora regrese. Esas personas están ahí aunque no las veas, o aunque no las veas más que como reclamos ideológicos y sentimentales. Necesitaban trabajar para ingresar algo. El boicot, o la campaña de concienciación, les ha privado de ello porque, según sus supuestos benefactores, aquellos ingresos eran indignos. Para los locales, tal reproche no tiene significado: era la factoría local de la multinacional extranjera o nada. Se les prefiere como objeto crónico de solidaridad. Como justificación de la industria de la solidaridad, generalmente opaca.

Cuando en nuestro país los salarios eran notablemente más bajos que en los países desarrollados —cuando éramos un país «en vías de desarrollo» (otra expresión condenada)— nuestros mayores habrían maldecido a los bellos espíritus instigadores de desinversiones. Te lo cuento así porque parece que si algo no se ve o no se siente, deja de existir. ¿Ves España, no? Pues bien, aquí los niños ayudaban a sus padres en el campo, o en el bar, o en la ferretería, o en la mercería. Suerte que no se movilizó un ejército de solidarios extranjeros para impedirlo, porque, si lo hubieran hecho, aquellos pequeños negocios habrían sido inviables. Se jugaba con márgenes muy pequeños.

Un niño no debería trabajar. Es un postulado moral muy difícil de discutir. Pero si se hubiera aplicado en la España de posguerra, y hasta los sesenta, cuando esa ayuda a la familia era compatible con la asistencia al colegio, el postulado no se habría entendido ni atendido.

Retrocedamos un poco más. Al terminar la Guerra Civil, mi abuelo fue encarcelado en el castillo de Montjuic, en Barcelona, por razones políticas. Si mi padre, con doce y trece años, junto con sus hermanos, no se hubiera echado a la calle a vender periódicos, la familia hubiera muerto de hambre. ¿Crees que exagero? En aquella Barcelona hubo familias que, por las razones que fueran, no estaban dispuestas a hacer ciertas cosas, como lanzar a sus hijos a buscarse la vida. Los terribles casos de muerte por inanición, de matrimonios que se suicidaban ante la impotencia, no aparecían precisamente en la prensa y, no sé por qué, tampoco los ha recogido los libros, al menos que yo sepa. Sin embargo, sucedió. Mi madre sabía los apellidos de algunas de aquellas víctimas de la época y de la situación. Que un niño no debe trabajar es un postulado moral muy difícil de discutir. Pero de haberse aplicado entonces, nosotros no habríamos nacido.

Hoy podemos esgrimir todos los valores. Hoy es otra cosa. Claro. Es otra cosa porque, gracias a la competitividad española en salarios fabriles cuando el desarrollismo, y hasta un cuarto de siglo después, y gracias a aquella participación en los sectores primario y terciario de los niños que echaban una mano, España acabó desarrollándose. Y con el desarrollo, los valores teóricamente indiscutibles pasaron a ser indiscutibles en la práctica, se convirtieron en leyes y se puede sancionar a quien los conculca.

Así que entiéndelo: cuando la empresa que reduce costes produciendo en África, o en ciertas zonas de Asia, sufre presiones o boicots que afectan al prestigio de su marca, es probable que desinvierta y se largue. No suele haber otras empresas a las que acudir en busca de un trabajo, ni prestaciones de desempleo, ni pensiones no contributivas, ni sistemas decentes de asistencia social. Allí, los que tenían un empleo y lo pierden vuelven directamente a la miseria. Evalúa estas cosas cuando juzgues a una oenegé. ¿A qué se dedica aparte de ayudar sobre el terreno? No debería mezclarse la solidaridad, la emergencia de atender a los desfavorecidos, con la ideologización de la actividad y de los mensajes solidarios. No se puede sostener, como hacen tantas oenegés, que en el mundo hay cada vez más pobres. No se puede sin mentir abiertamente, excepción hecha de la etapa correspondiente a la pandemia de COVID-19, que supuso una drástica reducción de actividad a nivel global. Pero esas oenegés explotaban la patraña y difundían ideología desde muchísimo antes de la pandemia. Cuando la pobreza se venía reduciendo drástica e ininterrumpidamente. Cuando la escolarización crecía. Y la vacunación. Y la esperanza de vida. Y la mortandad infantil se reducía. Las tendencias apuntaban a la erradicación de la pobreza extrema. Ese mundo imperfecto estaba mejor que nunca. ¿Por qué traficar con mentiras? Se podría haber celebrado la verdad, convertirla en una ceremonia global que estimulara la tendencia en una cuenta atrás hasta que la pobreza extrema llegara a cero. Y a continuación marcarse nuevos objetivos universales. Sin embargo, las principales oenegés insistían en que los pobres eran cada vez más pobres. Si dudas de mis afirmaciones, te remito a la ya citada *Factfulness,* de Hans Rosling.[59] Ahí tienes todos los datos que necesitas, así como las causas de la desinformación al respecto. Los recogió un hombre bueno, un médico verdaderamente solidario que no estaba cómodo con el imperio de la mentira.

También incurres, amigo, en una incongruencia corriente en tu entorno y, lo que es peor, en entornos políticos y mediáticos: no se puede ser solidario y, a la vez, demonizar a los

---

59   Deusto, 2018

empresarios, los únicos capaces de iniciar y sostener el círculo virtuoso de la riqueza. En contra de lo que piensas, en contra de una generalizada intuición, la riqueza de tu vecino aumenta tus probabilidades de ganarte la vida y, eventualmente, hacer que se la ganen otros. La riqueza es contagiosa. Si uno no cree en nada de esto, es decir, si uno no comprende los mecanismos a través de los cuales se crea riqueza y aumenta la prosperidad, lo único que conseguirá con su solidaridad, basada en los mejores sentimientos, es cronificar la pobreza y la dependencia de las poblaciones auxiliadas. Toma nota:

Respeto a la libre empresa, un sistema judicial que garantice el cumplimiento de los contratos, una Administración pública fiable, desburocratización y persecución de la corrupción. Es decir, seguridad jurídica, libertad y transparencia. Y acceso generalizado a internet. Y tanto desmantelamiento del proteccionismo como sea posible. Esas son las condiciones para sacar a los pueblos de la pobreza crónica. Ya sé, ya sé. No te pongas nervioso. Del mismo modo que no tienes intención de vivir de la universidad, tampoco piensas trabajar en una oenegé. Ni se te ha ocurrido de momento, dada tu edad, abrirte paso en bancos, empresas energéticas o grandes tecnológicas, entornos fascinados con la cultura *woke*. Si descendemos lo suficiente, llegaremos a los consejos de administración de las empresas cotizadas.

¿Podemos seguir llamando cultura a la cultura *woke*? Ya deberías saber, desde la «cultura del botellón», la «cultura de la violación» y la cultura de la incultura, que todo es cultura. Es como la deconstrucción pero al revés. Aun siendo lo deseable, esa vasta acepción de cultura, que se lo come todo, ya nunca más se circunscribirá a la antropología. Qué le vamos a hacer. Incluso si acudimos a la acepción más reducida, topamos con otra particularidad occidental: a la hora de la verdad, cultura es lo que diga la izquierda. Punto. Por algo posee la hegemonía.

Así que, ¿cultura *woke*? Bah, entre tú y yo, lo *woke* solo es el sumatorio de las tomas de posición aceptables en una ceremonia de premios de cine. Los Oscar o los Goya. Un sistema de prejuicios en construcción, levantado sobre la pretensión de acabar con los prejuicios. Una sesgada fortaleza antisesgos. Un antirracismo racista, un feminismo que borra a la mujer, un ecologismo que se ha olvidado del medio ambiente, un pacifismo que sirve a los agresores totalitarios, una libertad para cancelar libertades, un indigenismo impulsado por descendientes de los europeos, un antiespecismo que coloca el derecho a la vida de un chimpancé por encima del derecho a la vida de un ser humano con un cromosoma extra.

También cabe contemplarlo como la forma que va adoptando el conocimiento convencional sobre los asuntos de interés público. Una serie de módulos discursivos que se pueden barajar como naipes, unas cuantas fórmulas que impresionan a las audiencias y que son aplicables a cualquier cosa. Siempre que sea en público, recuerda. Con los pertinentes módulos discursivos, trufados de expresiones que operan como conjuros, se obtiene, mágicamente, la rendida admiración de unos, el respetuoso reconocimiento de otros... y el silencio prudente de los que no se lo tragan, pero conocen los peligros que disentir acarrea para la carrera del que trabaja en el ámbito de la cultura (en su acepción intermedia, entre la reducida y la infinita).

¿Quieres conjuros? Toma conjuros. No habían pasado tres semanas desde el inicio de la invasión de Ucrania. La opinión pública occidental, horrorizada por los bombardeos sobre la población civil y por la destrucción de ciudades enteras en plena Europa, empezaba a ejercer presión sobre sus gobernantes para que incrementaran la ayuda al presidente Zelenski. En ese momento, el debate se centra en cómo armar mejor a nuestros amigos, en la posibilidad de cerrar el espacio aéreo ucraniano, en si debemos enviar aviones al país invadido para que pueda defenderse antes de resultar completamente arrasado, en la necesidad de incrementar los presupuestos de defensa de los países europeos, corrigiendo un error que venía de antiguo. Y es entonces cuando algunos miembros del Gobierno español impregnados de cultura *woke* lanzan la gran idea: lo prioritario es crear un «escudo social y verde». ¡Qué demonios! —me digo—. ¿Van a irle a Zelenski con eso? No. Se refieren a un escudo para los españoles. Se trata de evitar en casa el debate de la guerra en Europa, hacer como si todas aquellas cuestiones que acabo de enumerar (el verdadero debate) no existieran. Como si la propia guerra no existiera. Volver la vista hacia nuestro ombligo y, mientras llueven las bombas sobre templos, hospitales y viviendas, dirigirse a la población española para: 1) recordarnos que aquí el problema lo tenemos nosotros por las consecuencias de la guerra sobre el precio de la energía (toma solidaridad), y 2) hechizarnos con un sustantivo y dos adjetivos que repiten y repiten y vuelven a repetir: escudo social y verde. No hay más que esa fórmula, pues no se concreta ninguna medida. De estas cosas miserables es de lo que estamos hablando.

A las ministras que utilizaron el conjuro las he tratado personalmente. Son gente bastante agradable. Nunca me habrían soltado en privado la tontería que se han sacado de la manga. Sé que ellas saben que yo sé. Me explico. Imaginemos que un día, en la cafetería del Parlamento, me hubieran dicho: «Juan Carlos, desengáñate, lo que se necesita es un escudo social y verde». Mi reacción habría sido ninguna. Es decir, habría seguido callado y atento, a la espera del contenido, interesado en cómo se concreta el programa. Porque tendría que haber un programa tras «escudo social y verde». Ahora, imaginemos que ellas también hubieran callado esperando mi reacción. ¿Qué habría pasado? ¿Habríamos roto a reír? Nadie te suelta eso esperando que te des por satisfecho. Solo cabe si no hay interacción.

En los mismos días en que se pronuncia el conjuro, un artículo de opinión parece referirse al conflicto ucraniano: *Una guerra contra las mujeres.*[60] Llama mi atención, claro, y temo lo peor porque, a diferencia de ti, no he nacido ayer. En efecto, se diría escrito a propósito para nosotros. A la autora, doctorada por Princeton en estudios culturales, le preocupa que el desarrollo de la guerra… ¿sea una carnicería? No. Le preocupa que «está provocando un tratamiento mediático que se retrotrae nostálgicamente a la heroicidad viril de las grandes conflagraciones del siglo xx». «Viril» es la palabra a la que sirve el párrafo. También le preocupa que dicho tratamiento mediático recree «un imaginario limitado de funciones posibles de acuerdo a arquetipos de género que creíamos obsoletos». Aquí se trata de colocar la expresión «arquetipos de género». Si no usas el detector de palabras y expresiones fetiche no entenderás el sentido último del artículo, así que concéntrate. El *sentido* (su falta) es colocar su jerga. Quizá haya esperanza. Sigamos leyendo:

> Las casillas disponibles, por cuya diversidad se ha luchado extensamente en este milenio, han quedado reducidas a los actantes que impone la contienda, mientras se refuerza un belicismo pernicioso que parece esgrimirse con la intención de reordenar los marcos de significado y construir una opinión pública cada vez más favorable al exterminio mundial.

Nos conforta inferir que lo del exterminio mundial le parece indeseable. Pero aquí la miga está en «actantes» (argumentos, en jerga de lingüista) y en «reordenar los marcos de significado». Estamos, en efecto, ante una académica de la nueva ortodoxia. Las expresiones delatan el hábito o el deseo de hablar para su secta, hegemones entre los hegemones. Quiero más. Deplora la firmante que «el pacifismo se descart[e] por

---

60   Azahara Palomeque, *El País*, 10 de marzo de 2022

ingenuo o rusófilo, adscrito a un partidismo falaz». Quédate con «pacifismo», y recuerda que está en nuestra lista de causitas. No porque no deseemos la paz, pero eso ya lo sabes si me has seguido hasta aquí.

Entre las figuras que «merecerían nuestro aplauso» —en condicional, es decir, que se supone que deben merecerlo pero que en realidad no lo merecen— está el presidente Zelenski, del que destaca «el tono verde camuflaje». Quizá no se le haya ocurrido que, de haber huido del país, como le ofrecieron los Estados Unidos y la Unión Europea, no necesitaría vestir así. También se refiere al alcalde de Kiev. ¿Para glosar su arrojo? ¡No y no! Para contarnos que en la televisión le hacen «hagiografías» —es decir, que no se merece tanto halago— y que es un «reconocido campeón de boxeo en posesión de un doctorado; es decir, epítome del equilibrio perfecto entre cuerpo y mente, frente a la masculinidad irracional de Putin». Sigue apuntando, porque aquí ya está claro que la geopolítica importa un comino, la condición de invasor o de invadido no merece destacarse, y que el problema de Putin no es que sea un criminal de guerra que ha agredido a un país soberano y democrático, el problema es su «masculinidad irracional». Llega la doctora en estudios culturales al asunto que parece realmente importarle:

> Ellas, las ucranianas, se representan en su maternidad como cuidadoras incansables, pero relegadas a un segundo plano; víctimas indefensas, se congregan en la etiqueta conjunta «mujeres y niños»; nunca adultas, excepto cuando son carne de cañón, se las cree listas para ejercer la prostitución.

Todo lo anterior es falso o infundado. A las mujeres ucranianas las hemos visto uniformadas, tomando las armas, luchando junto a los hombres. Trae un discurso prefabricado con sus módulos discursivos y lo aplica a una situación donde todos sus prejuicios de género se derrumban. La lista de ucranianas destacadas que han vestido el traje de guerra y se han ido a luchar de verdad por la libertad, perdiendo no pocas la vida, es larga e incluye deportistas, médicos, hasta una miss Ucrania (eso debe de doler). No es difícil imaginar la suerte que han corrido las desconocidas. Para la autora, estas son «carne de cañón», no heroicas voluntarias en una lucha terrible y desigual. Como fuere, ya ha colado «maternidad», «relegadas a un segundo plano» y «nunca adultas». Hasta aquí las mentiras. Como añadido infundado, que degrada a la media Ucrania femenina, «se las cree dispuestas a ejercer la prostitución». ¿Quién las cree dispuestas? No se sabe, pero la palabra se añade a la lista: «prostitución».

Más:

> [...] Se está elaborando el discurso hegemónico de esta guerra «justa» donde los valores supuestamente democráticos deberían prevalecer untados de la desigualdad intrínseca a esos rostros de mujer, puro afecto o sexualizados, mientras la política se dirime desde la mira de un rifle.

Te das cuenta, ¿no? «Discurso hegemónico». Aquí, el problema es que el discurso realmente hegemónico, que es el de la autora, se vio seriamente comprometido en muchos sentidos por la invasión rusa de Ucrania, por la resistencia de los invadidos, por el giro de ciento ochenta grados que imprimió Europa a su política de defensa, por la resurrección de la OTAN y, sobre todo, porque esa guerra supuso un baño colectivo de realismo que reordenó las prioridades de las instituciones internacionales y de muchos millones de ciudadanos.

En cuanto a las comillas en *guerra «justa»*, significan simplemente que no fue justo resistirse a la invasión, quizá por ser rusa. Sin resistencia no habría habido guerra, claro. Habría sido una fiesta, como el Anschluss, una celebración multitudinaria. Sospecho que si Estados Unidos invadiera Cuba, la guerra contra el agresor sería justísima. Continuemos. Los valores que defienden los ucranianos son «supuestamente democráticos».

O sea, que no lo son. La doctora por Princeton no considera que una democracia liberal perfectamente homologable con las de la Unión Europea, donde Ucrania deseaba integrarse, sea una verdadera democracia. ¿Cuál lo es entonces? Estoy sinceramente interesado en saberlo.

Los rostros de las mujeres ucranianas que ve en las noticias le sugieren «desigualdad intrínseca» y son «puro afecto» o están «sexualizados». Será en su mente. Hombre y heterosexual, a mí esos rostros solo me sugieren honor y valentía, entereza y fe, disposición al sacrificio y hermanamiento con mis valores. No sexo. Pero la desigualdad y la sexualización van completando el léxico de la causa que le es propia a la firmante. Causa de inoportuna irrupción ante la que allí se dirime, que es la de la libertad, la causa de las causas, la eterna causa del hombre (y de la mujer, doctora). Sigue: «Un militarismo patriarcal ha copado buena parte de los espacios informativos». Ya tenemos «patriarcal».

Luego lamenta la crisis, la inflación, el desabastecimiento. Como todos. Pero aquí el motivo es que «las mujeres saldrán mucho peor paradas porque ya ocupan un peldaño inferior a los hombres en la distribución de la riqueza». Mujeres en un «peldaño inferior». ¿Vas apuntando? Sostiene entonces que la precariedad está «feminizada» y que «es más necesario que nunca un feminismo inclusivo, pacifista y ecologista que pueda poner freno a las derivas bélicas». Carambola: feminismo «inclusivo, pacifista y ecologista». Esta última te la cuela por el encadenamiento natural de las causas fragmentarias. ¿Qué pinta ahí si no? Termina advirtiendo que si no hacemos algo que no queda muy claro habrá consecuencias que superarán la invasión de Ucrania: «Una guerra abierta contra las mujeres». Solo que la invasión de Ucrania pertenece a la realidad y la guerra abierta contra las mujeres es un escenario producto de su imaginación.

Revisión de la lista (tesis no hay):

Heroicidad viril
Arquetipos de género
Reordenar los marcos de significado
Pacifismo
Masculinidad irracional
Maternidad
Prostitución
Discurso hegemónico
Guerra «justa»
Valores supuestamente democráticos
Desigualdad intrínseca
Rostros sexualizados
Militarismo patriarcal
Peldaño inferior
Precariedad feminizada
Feminismo inclusivo, pacifista y ecologista
Guerra contra las mujeres

Pruébalo, está tirado. Baraja las cartas, ve sacando naipes al azar, bocabajo, en cualquier orden. Ya tienes otro artículo. Con una ligerísima adaptación lo puedes usar para cualquier otra guerra, para la crítica de una película, para una invasión alienígena. Te aseguro que si me dejas marcar un poquito los naipes antes de barajarlos, poca cosa, construyo una pieza supuestamente feminista sobre lo que quieras. En diez minutos.

Hemos desmenuzado un texto típico de la academia. Por qué no decirlo, ¡lo hemos deconstruido! Es la clase de producción esotérica que, una vez aguada para su uso exotérico, se puede pulverizar, llegando en forma de cultura *woke* a la educación, los medios y, por fin, a la opinión pública. En ese sentido, los elaboradores de la esencia, cuyo sesgo estructural has comprobado, imperan aunque solo se les conozca en los círculos de iniciados. Al recibir las microgotas aguadas, los salpicados huérfanos de causa *despiertan* a la nueva verdad. Entonces están seguros de que en Occidente existe una «cultura de la violación», aunque no tan seguros como para escuchar una opinión contraria, por feminista que sea su emisora. *Sienten* muy dentro el presunto consenso científico (sí, sienten la ciencia) en torno a un inminente cataclismo climático y culpan a nuestras pautas de consumo, cuando lo cierto es que dicho consenso alcanza solo a la existencia del cambio climático y a la participación de la actividad humana en él. No al apocalipsis. Derriban esculturas o contemplan comprensivos su derribo. Tiran asimismo de su pedestal simbólico a centenares de respetables nombres del pasado y un número creciente de obras. Desde *Las aventuras de Tom Sawyer* hasta las de Tintín. Cancelan joyas literarias porque les hiere leer ciertas palabras o ver recreadas ciertas situaciones, y no piensan consentir que otros se vean sometidos a tal sufrimiento. Así, su presentismo les veta la aproximación a (y por tanto el conocimiento de) cualquier otra época. Emplean un tono inequívoco de superioridad moral, aunque se permiten matizar su impostada seriedad con la esporádica sombra de una sonrisa condescendiente. Solo por un lado de la boca. Cuando son gente educada, la sonrisa es casi imperceptible; dice sin decirlo que deploran tu estupidez, aunque la admitan como un molesto hecho de la realidad. Disfrutan de un agradable cosquilleo interno por ser tan buenos tipos y estar tan en lo cierto. Percibimos con algo de vergüenza ajena su gozo narcisista, su onanismo.

Ahórrate, estimado, la pérdida de tiempo en que yo incurrí. No contemporices. Polemiza con quien esté dispuesto a considerar tu posición. Deja por inútiles las conversaciones que llevan a razonamientos circulares. No te malgastes. Lo he hecho demasiadas veces en la radio y en la televisión discutiendo con nacionalistas y otros sordos intratables. No vale la pena. Cuando discutas, solo abandonarás la razón estricta para introducir humor o belleza verbal. La belleza se justifica sola. Distinguirás entre debates legítimos y meros cruces de descalificaciones. Está bien, a veces no tendrás más remedio que caer en estos últimos porque tu interlocutor estará ahí enfrente, colocándote etiquetas en vez de medirse contigo en justa lid dialéctica. Si es el caso, procura descalificar con gracia y zanjar deprisa el asunto. No nos resulta fácil, a veces nos encendemos. Aplaca eso.

La regla general es esta: frente a la superioridad moral, superioridad intelectual. La regla especial, cuando te han obligado a bajar al barro, no es siempre agradable de aplicar, sin embargo, el tiempo te demostrará que a la larga rinde: vence a toda costa. No cedas si la pendencia es pública, pues no hablas para el contrincante, sino para los espectadores. Así les infundes coraje a los que están de tu parte. Si el cruce es privado, deja al pendenciero con la palabra en la boca y márchate. Establecido lo cual, no puedo omitir una combinación por la que tendrás debilidad: consiste en exponer en términos muy claros las razones que te asisten en un debate público y, acto seguido, marcharte. He desarrollado una pericia para el abandono de los *rings* dialécticos trucados. Me he largado de platós de televisión y de estudios radiofónicos, pero también de cenas y reuniones sociales. A veces comprenderás que no hay nada que hacer, que en los circunstantes solo hay mala fe. Prolongar en tal caso la situación es una gentileza que no merecen. Puede merecerla el anfitrión, un amigo al que se le ha ocurrido mezclarte con activistas incapaces de suspender dos horas su vocación. Si es así, la amistad es lo primero: te quedas por el anfitrión y que Dios reparta suerte.

Lo que vas a perder siguiendo mis consejos es mucho. Pero como acabarás actuando así de todas formas, al menos suelta lastre lo antes posible. Lo que ganarás es vivir de acuerdo con tu naturaleza, no ser oveja en ningún rebaño ni instrumento de nadie. Pese a tu porosidad, que luego lamentarás, en el fondo siempre has sabido que eres un fin.

Y ahora vuelvo a saltar de ti a tus circunstancias. Yo no me topé de joven con el desdoblamiento del lenguaje. Me lo habría tomado a broma, como ahora. Los progres éramos más auténticos que los *woke*. Sentimentales, sí. Dados a opinar de lo que no sabíamos, también. Pero mucho más divertidos. El género es una categoría gramatical. Ni una silla ni un armario tienen sexo. Hasta ahí lo entiende el *woke*, y aducirá que solo desdobla con palabras referidas a humanos, aunque el *woke* profesional incluye a otros seres animados. También desdoblan los artículos. Así, tenemos «compañeros y compañeras» y «los estudiantes y las estudiantes». «Los y las estudiantes» es más raro, aunque sea más corto. Curiosamente, nunca hablan de «asesinos y asesinas», ni de «los terroristas y las terroristas», ni de «los y las parricidas».

A su parecer, las lenguas con géneros diferenciados que utilizan el masculino como genérico, como esta en la que te escribo, conservan, transmiten y perpetúan un machismo atávico. Seguirán en sus trece porque no distinguen bien entre sexo y género y porque su contaminación literalista e irracionalista les lleva a creer que la realidad es discurso y que, por ende, con el solo lenguaje se la transforma. De ahí los conjuros, las fórmulas mágicas. No pasa nada. Que sigan. Que hablen y escriban como les plazca. Es decir, mal, pues como explica la Real Academia Española:

> [Los] desdoblamientos son artificiosos e innecesarios desde el punto de vista lingüístico. En los sustantivos que designan seres animados existe la posibilidad del uso genérico del masculino para designar la clase, es decir, a todos los individuos de la especie, sin distinción de sexos: Todos los ciudadanos mayores de edad tienen derecho a voto.

La mención explícita del femenino solo se justifica cuando la oposición de sexos es relevante en el contexto: El desarrollo evolutivo es similar en los niños y las niñas de esa edad. La actual tendencia al desdoblamiento indiscriminado del sustantivo en su forma masculina y femenina va contra el principio de economía del lenguaje y se funda en razones extralingüísticas. Por tanto, deben evitarse estas repeticiones, que generan dificultades sintácticas y de concordancia, y complican innecesariamente la redacción y lectura de los textos.

El uso genérico del masculino se basa en su condición de término no marcado en la oposición masculino/femenino. Por ello, es incorrecto emplear el femenino para aludir conjuntamente a ambos sexos, con independencia del número de individuos de cada sexo que formen parte del conjunto. Así, los alumnos es la única forma correcta de referirse a un grupo mixto, aunque el número de alumnas sea superior al de alumnos varones.[61]

Lo erróneo se institucionaliza cuando los documentos producidos por la Administración pública, las leyes y los libros de texto desdoblan el género. En ese caso, que ya es el caso español, el menor de los problemas es que reinventen la gramática y le nieguen al idioma el mecanismo secularmente establecido del masculino genérico. Enseguida te cuento las otras consecuencias. En cuanto te haya recordado que, dada la multiplicación de géneros —resultado de su naturaleza de construcción cultural y de la posibilidad de elegir otro género entre muchos de manera inmediata con un mero acto de voluntad que debe ser respetado por todos—, los desdobladores se han puesto a triplicar. No estaban contentos con que «los niños» se refiriese a los niños y las niñas, es decir, con que el masculino fuera el género gramaticalmente no marcado. Pero tampoco parecen

---

61   RAE, «*Los ciudadanos y las ciudadanas*», «*los niños y las niñas*», Español al día

satisfechos con el innecesario «los niños y las niñas». Por eso recitan ahora, violando aún más el principio de economía del lenguaje, «los niños, las niñas y les niñes». Algo absurdo en sus propios términos, puesto que no creen que haya tres géneros. Ni siquiera hay un *numerus clausus*. La lista de los géneros está tan abierta como la imaginación humana.

Algunos podrían considerar injusto lo de «les niñes» como genérico. Sí, un genérico aplicable a todos los que no caben en la etiqueta cisgénero (como el maverique, el trigénero o el agénero) y a la vez rechazan que se llame *trans* a cuanto no sea género binario. Reducción al absurdo que nos devolvería al masculino genérico como único modo de mantener una conversación o redactar un escrito. Ante este problema, para no dar el brazo a torcer, han normalizado en su mundo paralelo la utilización del femenino como genérico. No entienden que eso equivale a dar el brazo a torcer: ¡se necesita *un* género no marcado, un género genérico! Y mira por dónde, ya lo tenemos.

Este y otros usos deliberadamente incorrectos de la lengua son un emblema, una insignia. No persiguen mayor claridad o precisión, sino transmisión de ideología y, sobre todo, autoidentificación. Lo que comunican, de nuevo, es: soy uno de los nuestros. Todo lo *woke* gira, de hecho, en torno a la identidad y a la propia significación. Se crean identidades de nuevo cuño y se resucitan otras que habían desaparecido en el proceso histórico, como los nacionalismos liliputienses. Es chocante que este furor identitario sea el resultado de millones de pretensiones de individuación. El objetivo real, no el declarado, es imposible y contradictorio, pues la identidad —nuevo núcleo de la política y de la actividad cultural *lato sensu*— remite a grupos. Una vez has mostrado tu insignia, tu *identificación,* se espera que pienses de acuerdo con el grupo o grupos resaltados.

Mejor en plural; aquí entra en juego otro concepto clave: *la interseccionalidad.* Es una «dinámica de identidades coexistentes», es decir, una cierta forma de combinar tus identidades étnica, de género y de nacionalidad histórica sometida, por ejemplo. Otórgale a cada una el peso ponderado que te plazca, pero tus ideas se deberán ubicar dentro del marco resultante. Lo que es tanto como renunciar a tu individualidad por partida triple, negar tres veces tu condición de único. Y tú que creías haberte diseñado un traje a medida... Lejos de la exclusividad pretendida, ahora tienes tres cárceles del pensamiento, todas llenas de presos que repiten sus respectivos mantras. Interseccional, te defines por tu identidad étnica y tendrás que cantar a coro, te defines por tu identidad de género y no puedes desafinar, te defines por tu nacionalidad sometida y no vengas con variaciones. Pero tranquilo, dado el encadenamiento natural de las causas, circularás uniformado con los gimientes y a la vez orgullosos, con los victimizados y a la vez agresivos, con los originales y a la vez mediocres. Además, se dará por hecho que no vas a desentonar en ninguna de las otras causas, las que no te interseccionan. Y así es.

Profundizando en las rarezas, quien elige una identidad étnica con la que no tiene ligamen alguno recibe reprobación, pero también aprobación. Hay casos espectaculares, como luego verás. Si te identificas con una nacionalidad histórica ajena supuestamente sometida, no habrá problema. Toda ayuda es bienvenida por los nacionalistas en busca de Estado. Lo del género lo tienes más fácil. Es un decir: en Tinder hay 37 identidades de género con las que te puedes autodefinir. Facebook dio medio centenar de opciones en 2014, aunque recibió críticas por confundir el género con la orientación sexual (error que cometen todos los que usan las siglas LGTBI, fíjate). En Wikipedia cuento doce géneros, si lo he interpretado bien. A ver: el cisgénero identifica su género con su sexo biológico. Eso son dos. Luego está el transgénero, el transexual y el tercer género. Pero «transgénero» alude a la «persona que se identifica con otro género distinto al que le atribuiría su fenotipo sexual». Y eso está abierto, repito. En efecto,«existen personas no binarias que no se identifican dentro del colectivo trans porque este [...] se articula dentro del binarismo de género». Luego aparecen el maverique, el bigénero, el trigénero, el pangénero, el género fluido y el agénero, advirtiendo que no se confunda a este último con las personas asexuales. La lista de Wikipedia crecerá. Quizá ya haya crecido cuando leas esta carta.

La influencia de la gigantesca enciclopedia virtual y gratuita es abrumadora. Es la primera, y generalmente la única, fuente de la que se vale la humanidad cuando necesita consultar algo. En muchas ocasiones resulta suficiente. Constituye una magnífica herramienta para refrescar fechas, nombres, biografías y circunstancias, o para dar con ellos por primera vez y satisfacer tu curiosidad o informarte. Pero no para formarte. La Wikipedia está llena de sesgos, por mucho que se puedan corregir las manipulaciones flagrantes. No en balde la hegemonía corresponde a los que más inciden en la cultura. Aun así, sus reglas buscan la objetividad. Caso muy distinto es el del gran buscador Google, cuyo diseño sugiere una pulcra neutralidad que no existe. El algoritmo está diseñado para promover una agenda ideológica, como ha demostrado Douglas Murray. Te dejo aquí varios párrafos seleccionados de una reciente obra del autor británico. Vale la pena que te los tomes en serio y que confirmes sus observaciones. A fin de cuentas, Google está muy presente en tu vida diaria. Mereces saber si esa plataforma tan útil con la que todos mantenemos una estrecha relación intenta alterar tu percepción del mundo. Los ejemplos reflejan búsquedas en Google realizadas en 2020. No ha cambiado en lo sustancial cuando te escribo. Habla Douglas Murray:

> Fijémonos en los resultados de una búsqueda tan sencilla como *«European art»* («arte europeo»). Google podría mostrarnos una cantidad ingente de imágenes con una búsqueda como

esta. [...] El primer cuadro que aparece pertenece, en efecto, a Diego Velázquez. Puede que esto no parezca sorprendente, pero el cuadro elegido sí lo es. Y es que la primera obra que se nos muestra no es *Las meninas* ni el *Retrato de Inocencio X*. El primer cuadro de Velázquez que vemos al buscar «*European art*» es el retrato de su ayudante, Juan de Pareja, quien resulta que era negro. [...] Si seguimos mirando, las cinco imágenes siguientes se acercan más a lo que cabría esperar, y entre ellas ya aparece la *Gioconda*. [...] El siguiente es un cuadro de una mujer negra sacado de una página titulada «Personas de color en la historia del arte europeo». El último cuadro de esa primera hilera es un retrato de grupo de tres hombres negros. En la hilera siguiente aparecen otros dos retratos de personas negras. [...] En cada hilera se nos presenta una historia del arte europeo consistente sobre todo en retratos de personas negras. Todo esto, sin duda, resulta interesante y muy «representativo» de lo que a muchos les gustaría encontrarse hoy en día. Solo que no es representativo, ni siquiera remotamente, del pasado. [...] Uno entiende por qué, desde el punto de vista de una máquina a la que se ha enseñado a ser «justa», esta podría ser una representación adecuada de un tema determinado, pero desde luego no es una representación veraz de la historia, ni la de Europa ni la del arte.

En Google, casos así no son una excepción. Si buscamos «*Western people art*» («obras de arte occidentales»), el primer resultado que aparece es el cuadro de un hombre negro (procedente también de «Personas de color en la historia del arte europeo»). Entre las imágenes siguientes, predominan los cuadros de nativos americanos.

Si le decimos a Google que queremos ver imágenes de «hombres negros» (*black men*), las imágenes que nos devuelve pertenecen, efectivamente, a hombres negros. De hecho, hay que bajar más de una docena de hileras para encontrar a alguien que no sea negro. Por el contrario, si buscamos «hombres blancos» (*white men*) la primera foto que aparece es la de David Beckham —que es blanco—, pero la segunda es la de un modelo negro. A partir de ahí, cada hilera de imágenes incluye uno o dos hombres negros. Muchas de las imágenes de hombres blancos son de criminales convictos y van acompañadas de pies de foto del tipo «Cuidado con el hombre blanco medio» o «Los hombres blancos son malos». [...] No resulta difícil deducir la lógica que hay detrás de estas argucias.

Si buscamos «*gay couple*» («pareja homosexual») en Google Imágenes, obtenemos hileras e hileras de fotografías con parejas del mismo sexo, todas ellas felices y guapas. En cambio, si buscamos «*straight couple*» («pareja heterosexual»), veremos que una o dos imágenes de cada hilera da resultados que corresponden a una pareja lesbiana o gay. Al cabo de unas pocas hileras, ya hemos visto más fotos de parejas homosexuales que de parejas heteros, aun cuando nuestra búsqueda iba encaminada a estas últimas.

Los resultados todavía son más raros cuando buscamos en plural: la primera imagen de «*straight couples*» («parejas heterosexuales») es de una pareja heterosexual negra; la segunda, de una pareja de lesbianas con un niño; la cuarta, de una pareja gay negra, y la quinta, de otra pareja lesbiana. Y eso solo en la primera hilera. A partir de la tercera, los resultados corresponden exclusivamente a parejas gais. [...] ¿Por qué cuando se buscan «parejas heteros» todo el mundo es homosexual a partir de la tercera hilera de resultados?

Como era de esperar, las cosas aún pueden ser más extrañas. Si buscamos «*straight white couple*» («pareja heterosexual blanca»), la segunda imagen es la de un puño con la palabra «ODIO» escrita en los nudillos, y la tercera, la de una pareja negra. [...] Ahora tratemos de realizar esas mismas búsquedas en otras lenguas y con la versión del buscador de Google de cada país donde esas lenguas predominan. [...] En general, cuanto más nos alejamos de las lenguas europeas, los resultados tienden a coincidir más con la búsqueda. Los resultados extraños solo aparecen en las lenguas europeas, y, sobre todo en inglés, se desvían clara, evidente y significativamente de lo que hayamos escrito. […] Alguien ha hecho un esfuerzo premeditado por endosarnos imágenes que nada tienen que ver con lo que estamos buscando. […] No hay que insultar ni reeducar a las personas interesadas en buscar fotografías de parejas asiáticas, pero sí a quienes buscan «parejas blancas». […] Alguna parte del código trata deliberadamente de molestar, desorientar o enfurecer a quienes buscan determinados términos. […] Busquen *black family* («familia negra») y encontrarán un sinfín de familias negras sonrientes y ni una sola familia mixta; pero tecleen *white family* («familia blanca») y, solo en la primera hilera, tres de cada cinco imágenes serán de familias negras o mixtas. Conforme vayan descendiendo, todas las familias serán negras.

Según parece, con el fin de despojar a las máquinas de los sesgos que afectan a los seres humanos, alguien ha creado un nuevo tipo de no sesgo que, a la postre, combina una versión torcida de la historia con una nueva capa de prejuicios. […] Con el fin de expurgar los sesgos humanos, los humanos han creado un sistema que se basa única y exclusivamente en sesgos. […] El verdadero problema de esta actitud es que sacrifica la verdad a un objetivo político. Más aún: ve la verdad como parte del problema, un obstáculo que hay que salvar. Si el pasado no es tan diverso como quisiéramos, podemos solucionarlo modificando el pasado.[62]

Aporta Murray muchos más ejemplos extendidos a otros ámbitos de lo identitario, de ese no sesgo que acaba siendo un sesgo total. Recuerda que el sesgo actúa desde plataformas, buscadores y redes sociales supuestamente neutrales. Es la primera vez que la neutralidad editorializa de continuo y se la

---

62 Douglas Murray, *La masa enfurecida*, Edicions 62, S.A., 2020

sigue considerando neutralidad. Aquí falta un poco de sentido crítico, ¿no te parece? La ingeniería social se pone las botas con esta falta de reacción.

Las grandes empresas tecnológicas han contribuido decisivamente a alterar los conceptos propios de las democracias liberales. El de igualdad, como anticipamos, queda desplazado por el de equidad. La igualdad se predica de todos los ciudadanos ante la ley. También, de forma más reciente en la historia, pero contando ya con una saludable tradición, incluye la promoción de la igualdad de oportunidades. Algo que debería empezar, y probablemente terminar, en la educación, la salud, la cobertura de necesidades de los más desfavorecidos y el cuidado y protección de quienes padecen desventajas físicas o psíquicas. La equidad, tal como hoy se entiende, conduce a un sinfín de políticas de «discriminación positiva» que conculcan la igualdad.

Como observaban Delgado y Stefancic en la cita recogida *supra,* aquella igualdad y esta equidad son incompatibles. Proliferan las regulaciones que discriminan positivamente a ciertas minorías o colectivos, a los que habría que compensar por una larga historia de discriminaciones negativas. El problema de la discriminación es que nunca puede ser solo positiva. La discriminación positiva de ciertos grupos en unas oposiciones, en un concurso, en un examen o en cualquier otra situación de cariz competitivo, comporta siempre la discriminación negativa de los participantes ajenos a esos grupos. Es una injusticia objetiva para ellos cuando optan a ese puesto en la Administración pública, a aquella plaza de profesor, a este empleo o a aquel título académico. Para perpetrar la discriminación edulcorada, se instauran privilegios so capa de contrarrestar ofensas contra antepasados que llevan siglos bajo tierra, o que son antepasados de todos (como te dije, la «raza», si es que esa es la base, no debería aplicarse a los humanos, y la etnia no nos diferencia en nada esencial). Los ingenieros sociales quieren realmente que veas como justa y necesaria su tarea de remodelar la realidad como si de una figura de plastilina se tratara.

¿Y si no te convencen? Ni siquiera se enterarán. ¿Y si te haces oír? Le cerraron las cuentas en redes sociales a todo un presidente de los Estados Unidos; contigo pueden hacer lo que se les antoje. Pero las demostraciones de poder duro no les complacen. Por así decirlo, no están en su agenda normal, sino en sus planes de contingencia. La idea es ejercer el poder blando. El fin es que tú mismo desees formar parte de su dúctil material social. Que celebres los elevados planes de unos multimillonarios que juegan a dioses en Silicon Valley y otros centros de intervención mundial careciendo de título de representación. Careciendo de legitimidad alguna, salvo la que ellos se arrogan desde la superioridad moral. Careciendo de autoridad válida y aprovechando su presencia universal. Esperan que interiorices su visión y asumas de buen grado, por ejemplo, que siendo un varón blanco heterosexual solo vas a conocer la discriminación negativa. Y lo normal será que aceptes sin rechistar, que llegues a considerarlo merecido y lógico, que te digas a ti mismo que con alguna forma de desventaja tendrás que acarrear si no perteneces a ninguna de las identidades buenas.

De ahí los pintorescos casos que te anuncié, los sujetos que se inventan antepasados indígenas, o pertenencias a «razas» que les son ajenas, o posesión de géneros que anteayer no existían, o conversiones sentimentales a nuevas nacionalidades subyugadas. En este último punto solo cuenta la leyenda. Por eso te decía que la asunción sentimental de una identidad nacional (sin Estado), con el consiguiente victimismo, es menos problemática que presentarse como negro siendo blanco. El de Rachel Dolezal no es un caso único, pero sí de los más ruidosos.

Esta activista estadounidense por los derechos de los negros presidió en un área de Washington la Asociación Nacional para el Progreso de las Personas de Color. Hasta que alguien publicó una fotografía infantil que mostraba a una niñita rubia de ojos claros, blanquita y pecosa. Familiares de Rachel Dolezal reconocieron lo evidente: la activista no tenía nada de negra. Su asociación la empujó a dimitir, su carrera académica se vio afectada y se le afeó la patraña. Lo normal. Pero he aquí que una serie de expertos en asuntos afroamericanos salieron con esta interesante teoría: aunque Dolezal hubiera nacido blanca, el activismo la había convertido en negra. Ella lo mejoró declarándose *transracial*. Se desató la polémica y Netflix le dedicó un documental. Lo interesante es que una parte de la comunidad académica ha aceptado la posición de Dolezal, que se resume en: «Si me siento negra, soy negra».

Los que ponen el sentimiento por encima de todo tienen que aceptarlo. Resuenan aquí dos notas armónicas: identidad y sentimiento. Un sentimiento constituyente de identidades. Te he reprochado con algún énfasis que te guíes por el corazoncito antes que por la razón en los asuntos de interés público. Mi airado amigo, mi otro yo: el centro de esta heteróclita revolución es la identidad. La lista de identidades es inagotable y parece que el acceso a cualquiera de ellas se abrirá si sientes con mucha intensidad. He ahí la reducción al absurdo de esta revolución.

Antes de que ese absurdo sea patente, los dueños de las tecnológicas seguirán usando la sociedad como plastilina con la ayuda de sus empleados, imbuidos de la cultura *woke,* de la cultura de la cancelación, del milenarismo climático a lo Greta Thunberg, de la teoría crítica de la raza, etc. Distintos foros y observatorios mundiales seguirán empeñados en dictarte cómo has de vivir. Te instan ya a renunciar a la carne y a sustituirla por las proteínas de los insectos. O bien por una carne falsa en cuya producción tiene enormes intereses, precisamente, un pope de las tecnológicas, Bill Gates. Te apremian a olvidarte del coche y, en general, de cualquier propiedad material, pues creen que esa forma de relación del sujeto con los objetos debe terminar. Salvo para ellos. Las plataformas de entretenimiento —seguro que estás abonado a varias— continuarán compartiendo agenda ideológica con los anteriores grupos y primando sus contenidos o enfoques narrativos.

Pero ya sabemos que las conspiraciones mundiales son un cuento de muy triste y dolorosa historia. Lo que interesa en realidad es de dónde sale, o cómo y por qué se ha forjado, el espíritu de los tiempos. Por qué tantos grupos de intereses convergen en causas similares para trastornar valores establecidos. ¿Te suena mal la expresión y por eso no vas a censurar ese trastorno? Sabe pues, destinatario, que no apelo a las tradiciones ni a la nostalgia del pasado, salvo que nos refiramos a los principios liberales como tradición.

Se suponía que las revoluciones venían *de abajo*. Las demandas populares ejercían, en momentos clave, presión sobre el poder. Entonces, si además había sobrevenido una gran crisis económica, sucedía una de estas dos cosas: o bien todo saltaba por los aires, o bien se operaban cambios significativos que se consolidaban en la era siguiente. O ambas cosas mezcladas, como ocurrió al fin con la Revolución francesa. Pero esta es una revolución *desde arriba*. Cierto que en la Revolución francesa algunos nobles jugaron un papel crucial, y en ese sentido se podría afirmar que, de algún modo, lo revolucionario también venía de arriba. Pero no es comparable. Lo sería si Luis XVI y toda la nobleza, más los financieros, de la mano de los más radicales ilustrados, hubieran provocado a propósito el endiablado *bouleversement* a base de excitar a todas horas al pueblo llano.

Porque ahora mismo son los bancos y demás entidades financieras, son las corporaciones energéticas, son las políticas de los Estados occidentales, es la ONU, es la Unión Europea, es la presidencia de los Estados Unidos, es la publicidad de los productos de consumo de masas, son los grandes medios de comunicación, es el discurso político de toda la izquierda y casi toda la derecha occidentales, es la industria cultural en su conjunto, es la suma de todas esas fuerzas la que tira de los sentimientos y de la distorsión cognitiva de la población occidental. A todas horas, todos los días del año. Es un poder múltiple, inmenso, demasiado variopinto para seguir las instrucciones de un grupito de conspiradores. Los agentes siguen una misma corriente porque no quieren quedar en el lado equivocado. Su puerta de entrada en tu vida es cultural. Consiguen que asumas un nuevo lenguaje, que aceptes la liquidación de principios consagrados, que aplaudas las premisas legitimadoras de tantas discriminaciones positivas como se van convirtiendo en ley, Estado por Estado y organización internacional por organización internacional. Logran que interiorices la bondad y deseabilidad de un mundo estructurado en grupos identitarios que determinan las ideas de los individuos. Este nuevo mundo, te lo repetiré, rompe con las bases teóricas y con los fundamentos jurídicos de la democracia liberal.

El modo en que lo hacen las empresas es aquel capitalismo moralista. Han dejado de hablarte de las características efectivas y de las ventajas de sus productos y servicios. No debe extrañarte que hayan dado un paso más, cruzando una frontera implícita, en la explotación publicitaria de la emoción, que se ceñía a desarrollar afecto hacia la marca. Ahora utilizan breves formulitas que consignan su superficial adscripción al bien. Colocan con calzador la palabra «planeta», acompañada de verbos como «salvar», en anuncios de zapatillas deportivas, de alimentación, de higiene o de seguros. Han adoptado la fea costumbre de dictarte el modo en que deberías vivir y lo que deberías sentir, de afearte que no sientas correctamente, de urgirte a tomar conciencia (sin especificar). Como subtexto, lo pernicioso del capitalismo. Siendo esto lo más descacharrante, pues siguen vendiendo la cuerda con la que los ahorcarán, parafraseando a Lenin.

Cuando el discurso del activista político lo difunden de forma tan pringosa y sensiblera las grandes agencias de publicidad con el beneplácito de sus clientes, es que algo muy raro está sucediendo. Y tan raro. Nunca en la historia han existido compañías con tanto valor de capitalización como las grandes tecnológicas, con cuyos productos te relacionas intensamente varias horas al día, en el trabajo y en el ocio. El contraste es espectacular si comparas el *ranking* actual con el de hace cuarenta años, período que a ti te parece una barbaridad, pero que es apenas un soplo en la historia del capitalismo. (Y en esta carta, amigo, como debieras empezar a sospechar).

En 1980, las cuatro primeras empresas del mundo por valor de capitalización eran, por este orden, IBM, AT&T, Exxon y Standard Oil. La primera dedicada entonces básicamente al *hardware*, máquinas, cosas tangibles. La segunda, de servicios telefónicos, poseía el monopolio del sector en los EE. UU., que se le acabaría en 1982; posición de ventaja. La tercera y la cuarta, petroleras. Veamos cómo fue cambiando el panorama.

En 1990, el primer puesto lo ocupaba una empresa telefónica japonesa y, del segundo al cuarto, entidades bancarias. En 2000, Microsoft ya iba en cabeza, los intangibles se imponían (Gates le habían colado un gol por la escuadra a IBM para el que no tenemos tiempo; un día lo estudiarás); la segunda era General Electric, muy diversificada y hoy en trance de división en tres empresas independientes; la tercera, NTT DoCoMo, telefonía celular, japonesa; la cuarta, Cisco, estadounidense, equipos de telecomunicaciones, desde la fabricación hasta la consultoría. En 2010, iba en cabeza PetroChina, su nombre lo dice todo y es estatal, el tamaño del mercado doméstico importa; segunda, ExxonMobile; tercera, Microsoft; cuarta,

ICBC, banco chino estatal, el tamaño y la condición vuelven a importar. En 2018, el orden era: Apple, Microsoft, Amazon y Google. Casi todos somos clientes o usuarios de las cuatro. Si te cobran, eres cliente en el sentido clásico. Si no, peor. En 2021, Apple seguía en cabeza; después, Aramco, petrolera saudí; tercera, Microsoft; cuarta, Amazon. Te añado la quinta, Alphabet, propietaria de Google, porque así tienes el nombre de las cinco únicas empresas cuyo valor de capitalización supera el billón de dólares, siendo Apple la única que supera los dos billones.

Lo notable no es solo el ascenso de lo intangible. Lo es también el hecho de que nunca antes hubiera alcanzado empresa alguna semejantes valores. Ni de lejos. Tu aversión sentimental al capitalismo lo alimentan los emperadores del capitalismo. La naturaleza de sus servicios y la continuidad de tus interacciones con ellas las han puesto en posición de conocerte muy bien y de ejercer una constante influencia sobre ti. No tienen necesidad de ser particularmente explícitos a la hora de adoctrinarte, basta con aquel sesgo total y maquinal —la neutralidad aparente e inexistente— que observaba Douglas Murray.

Son otros los sectores que necesitan sobreactuar para que conste que están en el lado correcto. Son las empresas cerveceras, de ropa, financieras, de productos lácteos, de automoción o cafeteras las que elevan el tono y la apuesta; piensan que ya no te alcanzan con la ligera emoción que se ligaba a las marcas bien construidas. Son ellas que se creen obligadas a seguir la corriente y tocarte la fibra con el planeta que tú puedes salvar, con el heteropatriarcado que tú debes combatir, con la inviabilidad de los atributos definitorios del capitalismo (su ser y su medio), como la competencia o el crecimiento. O con cualquier otra desmesura. Pero la de la publicidad es una emoción bastarda, muchacho. Tiene un pase que una música bien seleccionada, unos bellos y simétricos rostros juveniles (o maduros con sonrisas robóticas), una luz magistral y otros trucos refuercen tu vínculo con una marca de vaqueros y hasta con una de patatas fritas. Que usen esas técnicas para colocar consignas ideológicas o para aterrorizar crédulos con milenarismos de pacotilla es una bajeza a denunciar. ¿O estás dispuesto a que te moralice un banco?

Es una revolución peculiar. Permite que te sientas rebelde mientras coincides con el poder. Al menos ese pecado no lo cometió mi generación. Desmárcate, mi inesperada sombra. ¿Dónde está tu integridad? A no mucho tardar descubrirás que *creer* en el capitalismo es como creer en la ley de la gravedad. No necesita entusiastas. El capitalismo es lo que hay y lo demás son distorsiones, aberraciones, torcimientos de la virtuosa tendencia de las comunidades humanas al intercambio comercial. Unos magnates endiosados nos contemplan como quien estudia la conducta de las hormigas. ¿Ya has visto *El tercer hombre,* verdad? Sí, la has visto. Pues es como la escena de la noria en el parque Prater de Viena. Donde, por cierto, un día se te ocurrirá algo extraordinario. Debo reprimirme, no sé qué consecuencias puede tener revelarte lo que aún no ha sucedido. Regresemos.

Los plusmarquistas del capitalismo universal ya han batido todas las marcas. Supongo que solo la reconducción de hormigas, los experimentos etológicos, pueden ya entretenerles e, incluso, dar sentido a sus vidas. También ellos lo necesitan, caramba. A tal fin, y queriéndose todos ellos *progresistas,* te inoculan los previsibles seudovalores. No por un afán proselitista, ese les viene muy pequeño, sino para ver qué pasa. Experimentos. El problema es que al invadir tu conciencia se arrogan un ascendiente que no les has concedido. Y tú eres más importante que ellos. Infinitamente más. Tú eres el centro del universo, aun cuando estés dispuesto a darlo todo por otros, porque no hay más punto de referencia que el yo.

Aligerando el tema, o bien te desentiendes de todo —cosa que no sabes hacer, ni nunca sabrás—, o bien eres rebelde contra el sistema, o bien eres prosistema. La coherencia exige que te plantes ante la manipulación. La de las empresas y la del Estado, que, no contento con el intenso intervencionismo propio de las modernas sociedades capitalistas, ha resuelto meterse en tu casa, en tu dormitorio, en tus remordimientos y en tu bragueta para dictarte cómo debes educar a tus hijos, en qué tienen que consistir tus relaciones íntimas, de qué te tienes que sentir culpable. Sin olvidar, pues es asunto principal, qué opciones identitarias podrías barajar para que te aprueben y cuáles deberías condenar. Y me refiero a una específica acepción de condenar: levantar tabiques aislando algunas de las habitaciones mentales disponibles.

Si te avienes a ser instrumento, celebrar los logros te convertirá en un tipo patético. No a los ojos de un mundo zombificado, que también loará las dudosas consecuciones, sino a los tuyos, cuando corran los años. Ocúpate de mejorar tu vida y la de tu entorno inmediato. Dado que lo público (y mediato) no dejará de ocuparte, pues no eres un idiota en el sentido griego del término, contribuye al bien común de formas que sean objetivamente verificables. Renuncia a las unanimidades que nublan la razón; cárgate de razones sin dejar de evaluar los hechos que contradicen el modelo mental que te has formado sobre cada gran asunto público. Ambos consejos remiten a lo mismo: no te degrades.

Siempre te incomodará (ya lo hace, pero estás enganchado al calorcillo) engrosar coros gimoteantes. Por eso vamos a atender a las reflexiones de alguien que ha dedicado una obra al sentimentalismo,[63] el doctor Theodore Dalrymple, médico conocedor de la verdadera África —no la de su reflejo defor-

---

63 Theodore Dalrymple, *Sentimentalismo tóxico*, Alianza Editorial, 2016

mado— y de los problemas con que se topa la ayuda al desarrollo, actividad particularmente propicia a la explotación sentimental de Occidente. Tomemos de él, para empezar, una cita de Oscar Wilde que, como siempre, dio en el clavo con envidiable concisión: «Un sentimental es alguien que simplemente desea disfrutar del lujo de una emoción sin tener que pagar por ello». Con todo, en aras de la precisión, hay que distinguir entre lo sentimental y el sentimentalismo. Reza el subtítulo de la obra de Dalrymple: «Cómo el culto a la emoción pública está corroyendo nuestra sociedad». Te adelanto su conclusión:

> [E]l sentimentalismo está triunfando en un campo tras otro. Ha arruinado la vida de millones de niños […] Ha destruido los estándares educativos y causado una grave inestabilidad emocional debido a la teoría de las emociones humanas que entraña. El sentimentalismo ha sido precursor y cómplice de la violencia en los ámbitos en los que se han aplicado políticas sugeridas por él. El culto a los sentimientos destruye la capacidad de pensar, o incluso la conciencia de que hay que pensar. Pascal tenía toda la razón cuando dijo: *«Travaillons donc à bien penser. Voilà le principe de la morale»* («Procuremos, pues, pensar bien. Ese es el principio de la moralidad»).

Aunque el autor británico crea que «el sentimentalismo no es dañino mientras permanece en la esfera de lo personal», mejor harás en evitarlo siempre. Del sentimiento no te librarás salvo que seas un psicópata, que no es el caso. Es de su mucilaginoso sucedáneo del que debes huir. Reconocerás la tentación, el crecer interno de la bola de nieve, lo barato y gregario desplegándose. Favorecido por unas ganas irrefrenables de mandar a paseo los matices y el sentido crítico. Te asaltará en la sala de estar de casa a través de algún documental, o de cualquiera de las ficciones al uso, indefectiblemente preñadas de propaganda. Te abrazará obsceno cuando estés rodeado de gente en un acto público, en una manifestación, o en uno de esos conciertos donde el artista exige algo más que tu respeto y atención como espectador y el aplauso a su arte. Cuando decide hacerse con un plus ajeno al espectáculo. Cuando convierte la altura física del escenario en superioridad moral y se permite aleccionarte. Záfate del pringue, escápate. A la calle o a tu castillo interior. Si el artista es mediocre, lo que está haciendo es completar lo que le falta con arengas que nadie le ha pedido para arrancar ovaciones. Cuando el artista es imponente y, sin necesidad de espolearte, obtendría igualmente el aplauso entusiasta, es que se le ha subido la fama a la cabeza, o que no tiene bastante con ejercer bien su oficio y cree conveniente *posicionarse* del lado de los buenos. *Marketing* puro.

Piensa el muy arrogante que a la lágrima genuina de emoción musical bien le puede añadir otra de exaltación espuria. Al fin y al cabo, el agua con lípidos y sales que segregan las glándulas lacrimales es la misma, por mucho que una lágrima responda a un solo de guitarra irresistible y otra al mensaje panfletario de un narcisista.

Acierta Dalrymple cuando tilda en todo caso de perjudicial —y frecuente— el sentimentalismo que actúa «como motor de una política pública». Ojo a esta extensión: «Hay un gran componente sentimental en la idea moderna del multiculturalismo, según la cual todos los aspectos de todas las culturas son mutuamente compatibles y pueden coexistir con la misma facilidad que los restaurantes de diferentes cocinas en el centro de una ciudad cosmopolita». Hay que hacer abstracción de demasiados hechos visibles para suscribir tan cándido multiculturalismo. Quizá por eso la prensa occidental oculta, o relega al cuerpo de las noticias, las circunstancias que pueden diluir la candidez.

Para ser justos, hay una razón atendible en estas omisiones o escamoteos sistemáticos. Destacar el origen de los criminales cuando proceden de una cultura, de una fe y de un mundo muy diferente al nuestro provoca con facilidad en la opinión pública la percepción de que todos (o la mayoría de) los pertenecientes a tal cultura, etnia o creencia son criminales en acto o en potencia. Nada más falso, salvo si consideramos que cualquier ser humano es un criminal en potencia. Pero, por fortuna, en la democracia liberal no existen unidades de *precrimen* a lo Philip K. Dick. Sí se van incorporando al repertorio policial algunas metodologías que rozan el concepto de *precrimen*. Si insisten en seguir rozándolo, acabarán hiriendo, quizá fatalmente, principios consagrados como la presunción de inocencia o, en un caso extremo, el de *nulla poena sine crimene* (no puede haber pena sin delito). Si así fuera, abandonaríamos la democracia liberal por el extremo opuesto al de la fiebre identitaria posmoderna. Los peligros no vienen de un solo lado.

Lo ideal sería que todo el mundo entendiera un poco de estadística y de lógica formal. Pero, en primer lugar, el mismo sistema que te oculta datos tratando de evitar la injusticia de la falsa generalización, intentando evitar los errores de interpretación que atizan el racismo y la xenofobia, es el primero que te empuja a todas horas a bloquear tu raciocinio y a primar tus respuestas sentimentales. En segundo lugar, no parece muy honrado combinar el escamoteo sistemático del origen extranjero de algunos criminales con enfatizar en los titulares de prensa la nacionalidad de los criminales cuando son compatriotas. Por fin, no menos atendible que la justificación de ocultar la nacionalidad y religión de ciertos violadores es el llamamiento de la valiente autora, expolítica y activista de origen somalí Ayaan Hirsi Ali, que sufrió de niña la mutilación genital, como tantos millones de mujeres en algunos países musulmanes.

A los ojos de un joven recién llegado desde el mundo árabe, las calles de Ámsterdam, Londres o Bruselas deben de rebosar tentación. Chicas con vaqueros ajustados y zapatos de tacón, con la melena al aire envuelta en un halo de perfume: no debería sorprendernos que los jóvenes que nunca han aprendido cómo mantener una relación de igual a igual con una mujer reaccionen de manera equivocada. Los carteles publicitarios en edificios y autobuses muestran a modelos ligeras de ropa que venden cualquier cosa, desde vaqueros hasta vacaciones. Cantantes que menean sus curvas bailando *twerk* ante la cámara en vídeos musicales. El sexo vende. En Colonia, la protagonista de un anuncio de sujetadores superescotado mira risueña hacia la Gran Mezquita al otro lado de la calle. A un recién llegado, el anuncio debe de parecerle tan fuera de lugar como la propia arquitectura intergaláctica de la mezquita. La cineasta belga Sofie Peeters explica en su película que la disonancia cognitiva «provoca una explosión» en los jóvenes. «Cuando ideas muy conservadoras entran en contacto con imágenes de mujeres desnudas, semipornográficas, los chicos se quedan perplejos y pierden los papeles». Para algunos de ellos, esto significa traspasar límites que nadie les había contado que existían.[64]

Unos párrafos después encontraremos el problema al que quería llegar, y que no tiene que ver con esos jóvenes sino contigo, con los jóvenes como tú, inclinados a entender la multiculturalidad en el sentido al que se refería Dalrymple. Ahora queda más clara la relación.

La ocasional confrontación entre culturas puede servir al bien común al obligar a las sociedades a reafirmar aquellos valores en los que cree. Pero la pregunta es: ¿cuáles deben prevalecer? Actualmente, en Occidente, sucede con demasiada frecuencia que los valores minoritarios se privilegian por encima de los valores liberales, como los derechos de las mujeres. Pero una cultura que afirma que es aceptable acosarlas en determinadas circunstancias —y que ese es, en realidad, un derecho

---

64   Ayaan Hirsi Ali, *Presa. La inmigración, el Islam y la erosión de los derechos de la mujer*, Debate, 2021

dado por Dios— es fundamentalmente incompatible con el principio de igualdad de género.[65]

Menudo callejón sin salida. El principio de igualdad de género es incompatible con la multiculturalidad buenista. Es decir, la habitual. Mi deseo es que te conviertas pronto en un hombre civilizado, con todo lo que ello comporta. De entrada, la exigencia de que respetes, en la teoría y en la práctica, la igualdad de todos ante la ley, que ya comprende la igualdad de géneros y la aceptación multicultural. No aquella falsedad que Dalrymple resumía como la creencia en que «todos los aspectos de todas las culturas son mutuamente compatibles y pueden coexistir con la misma facilidad que los restaurantes de diferentes cocinas en el centro de una ciudad cosmopolita». La apertura multicultural —no la *multiculturalidad,* término ya inservible para el bien común— ensanchará tus miras y elevará tu espíritu. Es así porque la diversidad enriquece, aunque también se haya abusado del término. Es así porque, al abrirte a otras culturas, te adentrarás en historias, en estéticas, en relatos, espiritualidades y filosofías insospechadas. Es así porque todas las culturas (cuantas más, mejor) deberían dejar alguna huella, idealmente, en un hombre culto y curioso. Y esto es perfectamente compatible con un principio axiomático que no precisa siquiera, si bien lo piensas, del manido concepto de *integración:* las leyes están para cumplirse. Siempre he pensado que «integración» es un término delicado. Suele interpretarse como la necesidad de que *los otros* renuncien a valores y tradiciones propios. En realidad, no necesitamos el peliagudo concepto porque ya tenemos este imperativo: todos debemos someternos a la ley.

Sé cosmopolita, término más claro y elegante que el vacuo *multiculturalista.* Los totalitarismos del siglo XX usaron el primero como insulto antisemita. Hitler odiaba el cosmopolitismo

---

65   Ibíd.

de Viena y Stalin acusaba a los intelectuales judíos de «cosmopolitas desarraigados». Indaga en culturas distintas a la nuestra. Respeta en democracia la ley y exige que la respeten los demás, independientemente de su origen y creencias. No necesitas apelar a la integración.

Por despachar las contradicciones: el multiculturalismo al uso no es compatible con la defensa de los derechos de los homosexuales ni de las mujeres. No puedes pretender que todas las costumbres son igualmente aceptables cuando algunas incorporan la persecución de los gais, o llevan directamente a su encarcelamiento y asesinato. Si fueras un hipócrita redomado y un inmoral, que no es el caso, sostendrías que los iraníes actúan según su sistema de creencias cuando defenestran o cuelgan de grúas a los homosexuales. Viven en Europa, tienen ciudadanía europea, millones de personas con ese sistema de creencias, y lo transmiten a menudo sin depurar a las siguientes generaciones. Muchos llevan a sus hijas «de vacaciones» a sus países de origen para que les practiquen la ablación de clítoris. Por supuesto que hay que depurar esos sistemas. Pero no para que sus seguidores *se integren* en otra cultura, sino para que no delincan. Nuestro país, nuestra ley. Dentro de ella, a su aire. Y también: nuestras organizaciones internacionales (las de todos), nuestras regulaciones internacionales. Es simplemente aberrante que Irán, donde se encarcela a las mujeres por quitarse el velo, se haya incorporado, mientras te escribo, a la Comisión de la Condición Jurídica y Social de la Mujer de la ONU. Imperio de la ley. Punto. En democracia, no te salgas de ahí.

Puesto que la cultura hegemónica erosiona los valores liberales, la coherencia a la que te insto te sitúa en el lado difícil. Te lo advertí, cuando alguien te considera enemigo tienes un enemigo, te guste o no. De ahí la urgencia de que despiertes del *gran despertar.* Negar en guerra que hay guerra —también cuando es cultural— te coloca en una posición de desventaja insuperable.

¿Por qué estamos en una guerra cultural, sin bombas, pero con una intensa intimidación adherida a tu vida, a tus opiniones y a tus actividades? Por la metamorfosis que ha sufrido lo que un día fue un sistema de valores centrados en la justicia social, es decir, la izquierda democrática clásica. Se extraviaron porque sus mapas dejaron de servir. Se habían levantado a partir de categorías decimonónicas y, aunque los habían ido actualizando, la realidad se negó a adaptarse al modelo.

Hacía falta una puesta al día que permitiera seguir llamándose socialista, socialdemócrata, laborista, progresista o *de izquierdas* a un puñado de partidos de gobierno privados de categorías útiles. No parecía tan difícil la formulación de unos cuantos puntos, apegados a una tradición reconocible, que pudiera compartir toda la izquierda occidental. Sin embargo, no hubo manera. Recuerda también que la socialdemocracia ya había alcanzado en Europa sus objetivos. De modo que su única lucha con continuidad de sentido debería haber sido de tipo incrementalista. Algo extraordinariamente útil. ¿Por qué no aceptar ese nuevo papel? Porque carece de épica.

El incrementalismo es aburrido. No casa con la trascendencia que acompañaba los empeños de la izquierda. No hay manera de sentirse un héroe con el incrementalismo. Te parecerá que magnifico razones demasiado humanas. Si es así, imagínatelas reproducidas en centenares de millones de mentes y sensibilidades. Ser de izquierdas ha sido, y sigue siendo (signifique hoy lo que signifique), mucho más que una oferta ideológica entre otras. Es, sin ir más lejos, una corriente que se impone sola en las organizaciones. Nadie ha formulado esta fuerza de atracción con más brevedad que Robert Conquest en su segunda ley de la política: «Toda organización que no es explícitamente de derechas acaba volviéndose de izquierdas tarde o temprano». El gran historiador murió justo cuando empezaba la cultura *woke*. No sabemos si le habría sorprendido que su ley se siguiera cumpliendo a rajatabla, más deprisa que nunca, cuando *ser de izquierdas* ya solo significa ir adquiriendo una tras otra las teselas de un mosaico de causas en expansión.

El vacío caracteriza el discurso de los herederos del marxismo una vez despojado de pasiones, llamadas a la indignación como la de Stéphane Hessel (*¡Indignaos!*, 2010), consignas poco apetecibles a la inteligencia, campañas de señalamiento y demandas parciales parcialmente justificadas. Abierto el testamento, los herederos se han encontrado con un patrimonio inservible. Hubo una vez una izquierda democrática con la que se podía trabajar, e incluso se debía. Del comunismo, o socialismo real, no vamos a ocuparnos aquí porque el tema es tan extenso, tan sangriento y tan ominoso que se comería esta carta, la mancharía y no podrías leerla. Además, nos desviaría de nuestro objetivo y se prolongaría el escrito hasta lo inaceptable. Existe una vastísima literatura al respecto. Elige bien. No olvides la propia doctrina marxiana ni los principales afluentes marxistas. Es importante conocer su lógica y su lenguaje.

La nueva izquierda, que tanto ha mutado, sigue partiendo, como la vieja, de una premisa principal: la supuesta preocupación por la humanidad. Trátase además, como entonces, de una humanidad futura, puesto que la actual debe sacrificarse en aras de un porvenir sin injusticias. Pero ojo, las injusticias ya no son lo que eran. Ahora, junto a las reales, hay que contar con aquellas que dependen de percepciones subjetivas de agravio que la sociedad entera debe interpretar del mismo modo. Y actuar al respecto. Bien, en realidad, más que contar con estas particulares injusticias, hay que priorizar su erradicación. Lo cual nos conduce a un mundo repleto de paradojas. Recurramos de nuevo a Dalrymple:

> Por muy extraño que parezca, negarse a ver la parte de responsabilidad que tienen las personas en sus desgracias conduce en la práctica a la insensibilidad e indiferencia hacia su sufrimiento.

En primer lugar, la noción de que todos los que sufren son víctimas tiene un corolario —falso desde el punto de vista de la lógica, pero muy poderoso psicológicamente— que los que no son víctimas no sufren. Dado que el estatus de víctima lo otorga la pertenencia a un grupo social que tiene certificado su papel de víctima, los que no forman parte de ese grupo, por definición, no son víctimas, no sufren y, por tanto, no merecen nuestra simpatía.

La idea de que los que sufren de verdad son víctimas tiene otro corolario peligroso: que la ayuda debe prestarse según la necesidad y no según el merecimiento. Una vez más, a primera vista parece muy compasiva, ya que nos evita tener que distinguir entre los que se lo merecen y los que no, una distinción que puede hacerse con un estado de ánimo poco caritativo o que simplemente resulte equivocada, incluso cuando es tomada con genuina compasión y buena voluntad.

Hoy en día, el esfuerzo que se hace para evitar tener que juzgar es tan grande que personas que simulan enfermedades o mienten descaradamente son diagnosticadas como enfermas, ya que cualquier comportamiento indeseable que no se ajuste a un patrón reconocible, recibe su diagnóstico —puede parecer que, si no fuera por la desgraciada irrupción de la enfermedad en la vida de las personas, todo el mundo sería un honrado ciudadano de provecho—.

Pero la negativa a emitir un juicio moral oculta en realidad indiferencia e insensibilidad. Resulta psicológicamente imposible sentir compasión por todas las personas que sufren en el mundo y la exigencia de que lo hagamos supone en realidad exigirnos que no compadezcamos a nadie.[66]

Ello explica que los profesionales de la solidaridad emitan mensajes más ideológicos que los tradicionales misioneros, o

---

66   Theodore Dalrymple, *op. cit.*

que el resto de implicados en iniciativas históricamente fundadas sobre la caridad, que exige ponerse en la piel de grupos humanos concretos, no abstracciones. Si bien observamos un paulatino contagio de la terminología, así como la conversión de organizaciones de origen religioso en auténticas empresas de ayuda al desarrollo, con sus ejecutivos y su equipamiento de sesgos ideológicos.

Aunque perviva como base legitimadora la preocupación por la humanidad en general, y en especial por la futura, el sindicalista de principios del siglo xx se llevaría las manos a la cabeza ante el *woke* medio. Lo más probable es que lo considerara un charlatán que no se juega nada, un tipo que solo está dispuesto a poner la carne de otros en el asador, alguien sin objetivos claros, sin lecturas de iniciación, que le ha arrebatado sus señas de identidad para perorar sobre asuntos ajenos a las verdaderas injusticias y al progreso. Ha pasado un siglo. Lo que hoy llamamos izquierda, y que tú todavía consideras como el único espacio político en el que un hombre decente puede estar y respirar, es un cajón de sastre, un montón heteróclito de empeños a menudo contradictorios. Pese a ello —o quizá gracias a ello— tiene mayor fuerza de atracción que nunca. Por eso, la segunda ley de Conquest sigue vigente y actúa más deprisa. Contribuye a ello que los situados fuera de la izquierda no crean en la guerra cultural o, si creen, que la libren tan a menudo con torpeza, sin matices y sin cumplir la ley de hierro: hay que aprovechar cada debilidad hallada en las premisas de la cultura hegemónica, no ir quejándose por cada manifestación de esta. El «hay que ver» y el «hasta dónde vamos a llegar» no sirven de nada.

Causas entrelazadas. Se multiplican los estudios académicos sobre la relación entre género y cambio climático. Estudios que infiltran el periodismo siguiendo el cauce habitual. De hecho, tienes una entrada en la Wikipedia con ese nombre: «Género y cambio climático». Subtítulo: «Panorama de los efectos dispares del cambio climático según construcciones de género». Primera línea: *«El género y el cambio climático se refiere a la incorporación de perspectivas de género en el análisis de los efectos del cambio climático»*. Espera, también hay estudios sobre «racismo climático»:

> Las personas negras en la mayoría de las ciudades de Estados Unidos padecen el doble del impacto de las altas temperaturas que sus contrapartes blancas, según un nuevo estudio. Los autores aseguran que las diferencias no se explican por la pobreza, sino por el racismo histórico y la segregación.[67]

El antiespecismo y el género también parecen guardar relación, la academia no descansa. Dale a Google: «Especismo y género». Primero, un trabajo universitario titulado «Feminismos y liberación animal: alianzas para la justicia social e interespecie». (Nota que hay un tercer pasajero, la justicia social). Segundo, «Feminismo y antiespecismo», artículo que deplora el «profundo desconocimiento de cómo las diferentes formas de discriminación a menudo se intersectan, en particular, el sexismo y el especismo». Las autoras destacan que:

> En cuanto feministas, [somos] particularmente conscientes de la injusticia que padecen los animales no humanos. Ello se debe a que el sexismo y el especismo se manifiestan mediante patrones opresivos de jerarquía y dominación semejantes y, a menudo –como lo evidencia el lenguaje–, ambas formas de discriminación se hallan conectadas.[68]

Ahí laten Foucault, con su dominación, y el lenguaje, materia de la que está hecha la realidad desde Derrida. ¿Crees que es casual? Pues sigue leyendo. Tercero, «Feminismo y cuerpos que

---

67   Matt McGrath, *El estudio que muestra el impacto del «racismo climático» en Estados Unidos*, BBC News, 1 de junio de 2021

68   Ruth Toledano y Concha López, *Feminismo y antiespecismo*, elDiario.es

importan. El especismo interseccionado en nuestras luchas», largo texto de una conferencia universitaria de posgraduados.

No vamos a seguir. Hazlo por tu cuenta si albergas aún dudas de lo evidente: no solo se universalizan las causas fragmentarias una por una, sino que es fundamental relacionarlas. Aunque el gran público no entienda el mecanismo intelectual que opera el fenómeno, responde a su lógica y lo junta todo en su indignación. Solo en esta si no posee más recursos. No negaremos el esfuerzo y tesón que hay detrás, o más bien arriba, donde se domina la jerga. Con todo, repara en la trampa: todo *intersecciona* o *intersecta* si te lo propones. Absolutamente todo. En especial, si usas comodines como el clima (¿dónde no hay clima?), el género (lo mismo te digo), el lenguaje (¿dónde no etc.?) o la dominación.

Adquirida una, el público acepta la siguiente causa en un efecto dominó, de modo que quizá nuestros magos, con sus abracadabras, resulten superfluos. Qué no dará de sí la aproximación de fichas como «nacionalismo» y «justicia social» entre grupos sensibles a las leyendas de las naciones culturales. Por supuesto, aludo a la justicia social de los *Social Justice Studies*. Espero que no sigas necesitando este tipo de aclaraciones.

El nuevo izquierdista completo, el que tiene un futuro en la política o en sus subvencionados aledaños, es el que, equipado con el pack completo, no se limita a *sentir muy fuerte* las cosas, sino que agarra el pack y lo sabe vender. Es decir, sabe cómo hacer que los demás *sientan muy fuerte*. Esto, en realidad, es independiente de lo que él sienta. Normalmente, será autosatisfacción, aunque el público inferirá férreo compromiso. Para ser uno de ellos (guárdate mucho), no solo debes ser capaz de defender cada causa en sus propios términos —en especial, la que te va a alimentar a costa del contribuyente—, sino también de manejar un discurso que las integre. Con un requisito: que tus palabras, y eventualmente tus actos, entren en tensión con el orden liberal; que insinúes, rezumando razones del corazón, futuros e inevitables choques con él.

Aún se mantienen con vida, diezmadas y casi exangües, algunas fuerzas de la izquierda tradicional, las que no compran el mosaico y aspiran a una ideología consistente. No es por tanto de extrañar que en la guerra cultural, junto a los choques izquierda-derecha, se produzcan violentas colisiones entre los pocos que se ciñen a objetivos tradicionalmente de izquierdas y los muchos que viven bajo el imperio cultural del mosaico. Es ilustrativa la desigual lucha entre «feministas» de la nueva ola —partidarias de la autodeterminación de género— y feministas anteriores. Estas últimas denuncian que las políticas públicas impulsadas por sus suplantadoras perjudican a la mujer. Advierten de que las consecuciones de su lucha, múltiples y prácticas, se están yendo por el desagüe. Repara en el tono que usa y en el mensaje que defiende una conocida intelectual del feminismo tradicional:

> Si las mujeres esperan un trato igual en la sociedad, deben abandonar el infantilismo de exigir medidas de protección especial. La libertad implica una responsabilidad individual.[69]

Así concluyó una conferencia en Harvard en 2008. Dudo que hoy la invitaran. Y si así fuera, sin duda habría que habilitar espacios seguros para las asistentes ofendidas, con sus globos, sus pompas de jabón, sus cuadernos para colorear, su música relajante y sus psicólogos de guardia. Avalando con todo ello la acusación de infantilismo. Más:

> Hay una generación perdida de mujeres que salen de [los] programas de estudios de género. [...]

> La aseveración de que el feminismo es el primer colectivo que denuncia la violación es una calumnia grave para los

---

69   Camille Paglia, *Feminismo pasado y presente*, Turner, 2018

hombres. A lo largo de la historia, la violación ha sido condenada por numerosos hombres honorables. Los hombres honorables no asesinan; los hombres honorables no roban; los hombres honorables no violan. Esto queda patente a lo largo de la historia de la humanidad. La violación de Lucrecia por Tarquinio provocó la caída de los tiranos y el comienzo de la República romana. Esta idea de que el feminismo habría descubierto milagrosamente que las mujeres fueron explotadas y violadas a lo largo de la historia es ridícula. Este asunto de la violación, entre otros, deberíamos eliminarlo del temario de los estudios de la mujer y trasladarlo al de la ética. [...] La ética siempre ha condenado estos abusos. [...] Los hombres también han protegido a las mujeres. Les han proporcionado alimento. Les han dado cobijo. Y han muerto para defender sus países y a las mujeres de sus países. Debemos volver la vista atrás y reconocer lo que los hombres han hecho por *las mujeres*.

En Estados Unidos, la mujer es más libre que en ninguna otra parte del mundo. Nunca en la historia han sido tan libres las mujeres como lo son aquí. [...] Es absolutamente nefasto convencer a las mujeres jóvenes de que han sido víctimas y de que su herencia es la victimización. Esta es otra perversión.[70]

Que vayan a contarle a Camille Paglia que no es feminista. Te habrás hecho una idea de cuán enfrentadas pueden estar las visiones bajo una misma etiqueta. Bien, por interesante que nos pueda parecer, es la posición de Paglia —que contiene una implícita defensa de la democracia liberal y un explícito ataque a la academia que fabricó las causas fragmentarias— la que está perdiendo, la que no hace más que retroceder. Lo mismo vale para los ecologistas que no suscriben la emergencia climática. Lo anterior alude a tomas de postura, pero ¿qué hay de los que simplemente *son* algo y no comulgan con las identificaciones

---

70   Ibíd.

grupales que se esperan de ellos? *Son* algo que sirve como plataforma a causas de las que no quiere saber nada, o muy poco. Los homosexuales que no quieren mezclar su orientación sexual con militancia u orgullo alguno. Los indígenas que contemplan atónitos los aspavientos de su presidente indigenista de raíces solo hispanas. Los negros que, como el actor Morgan Freeman, consideran ridículo el Mes de la Historia Negra. O, por ir al grupo *minoritario* más mayoritario del mundo, las incontables mujeres que rechazan los postulados del feminismo de tercera ola mientras este sigue y seguirá hablando en su nombre.

Todos estos furores, debates, polémicas, tomas de posición y presiones sobre quienes que no la toman, agitan nuestro mundo, el de los sistemas de opinión pública de las democracias liberales y capitalistas. En las autocracias capitalistas no se preocupan lo más mínimo por estas cuestiones. China sigue explotando su fuerza demográfica y avanzando en su asombroso desarrollo tecnológico, que parece desmentir la necesidad de crítica que vimos con Popper cuando se trata de la ciencia y sus campos adyacentes. En mi opinión, esa potencia ha desarrollado un capitalismo de partido único, en nada democrático, que preserva hasta niveles funcionales la posibilidad de crítica en cuanto no cuestione directamente al poder político. Rusia ha tratado de recobrar su condición de imperio desde premisas geopolíticas cuya traducción práctica ha cogido extrañamente por sorpresa a Europa, que abandonó el enfoque geopolítico clásico y ha tenido que regresar a él a toda prisa. La burbuja europea nos aisló tanto de la realidad que sus representantes y diplomáticos no supieron descifrar las señales de una potencia expansiva vecina. Ha explotado la dependencia energética centroeuropea gracias a las políticas de desmantelamiento de centrales nucleares, liderada por Alemania, donde nació y se desarrolló el movimiento verde. Solo ahora empieza a reconocerse lo que algunos sospechaban: detrás de muchos movimientos de desestabilización interna europea (unas cuantas causitas se incardinan ahí) estaba el dinero ruso.

Siendo todo esto crucial para el futuro inmediato del mundo y para la estabilidad global, solo lo traigo a esta carta a modo de apresurada contextualización. Mi objetivo no se ha movido: debes recapacitar sobre tu manipulación. Sobre la manipulación de tu generación, que es la que puede cambiar las tornas si reacciona. La manipulación resulta de una severa modificación de prioridades en las grandes empresas y en los gobiernos occidentales de izquierda y derecha convencional. Sí, derecha también. ¿Acaso creías que mis reflexiones sobre la deriva de la izquierda democrática eran un preámbulo para presentarte a la derecha como alternativa? ¡Quia! He cogido pluma y tintero para decirte la verdad.

La derecha que se viene turnando con la izquierda socialdemócrata en las principales potencias europeas ha cedido la iniciativa a la nueva izquierda. Ha renunciado a incidir en el imaginario colectivo y, como te expliqué, va aceptando uno por uno los fragmentos con que la izquierda llena su vacío. Resistiéndose un poco al principio, acepta la nueva normalidad, y la causa fragmentaria deviene causa común del sistema. Contribuye por tanto a construir lo que, por continuidad emocional, tomas como referencia.

Crees formar parte de sucesivas rebeliones contra lo *establecido* cuando solo te supeditas a lo establecido. Te motiva cada vez una pieza del puzle, las acumulas y luego las fuerzas para que se unan en una figura congruente, pero las piezas no encajan ni encajarán. Hoy es la supuesta justicia histórica de crear nuevos Estados. Mañana es un mundo sin fronteras. Pasado mañana, el fin del mundo se acerca por culpa del cambio climático antropogénico. Al otro, eres antinuclear. Juntas inútilmente las piezas y te encuentras con las consecuencias de cerrar las plantas nucleares: mayor emisión de gases de efecto invernadero porque hay que recurrir al pernicioso carbón de manera intensiva. Todo esto te incomoda y miras hacia otro lado. No importa cuál. Será por causas. Black Lives Matter, ¿qué tal? Aunque EE. UU. te coja lejos, es tan emocionante eso de arrodillarse que no te lo quieres perder.

Mientras te entretienes, se te escapa el secreto a voces: no existen diferencias entre la izquierda y la derecha convencionales en Europa. Se dedican a lo mismo, hacen lo mismo cuando gobiernan: conducir el Estado y ceñirse a las directrices de Bruselas. Lógicamente, deben poner el énfasis en lo que las diferencia ya que, por fortuna, cada cierto tiempo hay que pasar por las urnas. Esta necesidad obliga a exagerar distancias.

Lo que serían matices en las políticas exterior, de seguridad, agrícola o educativa se presentan como distancias insalvables. La derecha tiende a sobrevalorar la importancia electoral de la gestión con resultados mesurables, convencida de que si a la ciudadanía le va mejor cuando ella gobierna, la revalidarán en las elecciones. La izquierda, por su parte, sin perjuicio de que pueda gobernar con acierto, no olvida de que son los sentimientos los que movilizan al votante. Y que no hay sentimiento más enardecedor que la denuncia de injusticias y la promesa de acabar con ellas. Las causas fragmentarias atizan el victimismo. Cada identidad incorpora un victimismo diferente. La derecha ni siquiera sabe que existe la interseccionalidad, o la tiene por una excentricidad académica. Pero se equivoca. La interseccionalidad funciona a pleno rendimiento al permitir que una gran parte de la sociedad se recree y, eventualmente, se movilice con sus identidades superpuestas. Que las ordene cada cual como quiera, pero ya se han trazado las líneas que segmentan a los agraviados, desde las que se reclama atención y apoyo de los no agraviados.

Un nacionalista no renunciará a que se le vea en todo momento como parte de un grupo identitario. Es una causa fuerte, determinante. Aquel que, pudiendo hablar y actuar desde grupos identitarios minoritarios, prefiere no hacerlo y se aferra a su individualidad, será tarde o temprano considerado una especie de traidor. Un tipo insolidario con los suyos. Pero resulta que muchas personas consideran que «los suyos» son todos los ciudadanos. O todos los seres humanos. O solo su familia y sus amigos. O nadie, ¿por qué no? Señalar a los despreocupados de su identidad puede ser contraproducente para los *woke,* que solo ven grupos y que dan por descontado que la pertenencia objetiva a alguno de ellos determinará sus ideas. Es un trasunto de la leyenda marxista según la cual el ser social determina la conciencia. Pero en porciones: el género determina la conciencia, la etnia determina la conciencia. Nacer catalán determina la conciencia. Con esta última idiotez —tan grosera— ya te las has tenido que ver. Sé que deploras las ceremonias victimistas y totalistas del nacionalismo. Con el tiempo, abandonarás tu ciudad natal, se te hará irrespirable.

La mera existencia de seres que, con elocuencia, desmienten la perversa premisa determinista es demasiado incómoda. Por eso no es extraño que prefieran ignorarlos cuando el grupo identitario al que se podrían acoger es demasiado visible, y los individuos insobornables demasiado influyentes. Fíjate en este problemón: hay un desertor de «su grupo» que resulta ser el más brillante teórico contra la discriminación positiva. Hablo del profesor Thomas Sowell, intelectual negro sureño criado en Harlem. Ha realizado estudios que algún día deberías leer. Empieza por *La discriminación positiva en el mundo* (Gota a Gota, 2006). El eminente catedrático, imprescindible para quien desee conocer los verdaderos efectos de estas intervenciones, extiende su balance negativo a todas (insisto, todas) las formas de subsidiar, de primar en los estudios o de favorecer con cuotas o de cualquier otra forma a las minorías. Empezando por «los suyos», la comunidad negra, que considera perjudicada por la discriminación positiva. Dado que lo de Sowell no son opiniones, sino estudios empíricos, lo mejor que podía hacer con él la nueva izquierda *woke* es ignorarlo completamente. Como si no existiera. Y así lo han hecho. Los datos empíricos les molestan sobremanera cuando no vienen convenientemente disfrazados con estadística creativa.

Abre los ojos. Un estudio académico, revisado por pares y publicado por la Universidad de Cambridge, plantea abiertamente la necesidad de «autoritarismo» para luchar contra el cambio climático. Se confirma de nuevo la incompatibilidad de las causas fragmentarias articuladas con los fundamentos de la democracia liberal. Los propios *woke* lo saben. No necesitan ser activistas descerebrados para recurrir al palo a la hora de «defender el planeta». Lo pueden hacer de forma respetable desde la academia. «¿Puede ser legítimo el poder autoritario?» —se plantea el autor—. Y sigue:

> Mientras que en condiciones normales, mantener la democracia y el respeto a los derechos suele ser compatible con garantizar la seguridad, en situaciones de emergencia pueden surgir, y a menudo surgen, conflictos entre estos dos aspectos de la legitimidad. Un ejemplo destacado es la pandemia de COVID-19, durante la cual han devenido técnicas legítimas de gobierno las severas limitaciones a las libertades de movimiento y de asociación. El cambio climático supone una amenaza aún mayor para la seguridad pública. En consecuencia, sostengo que la legitimidad podría requerir un enfoque igualmente autoritario.[71]

¿Te parece normal? ¿Tan perdido estás para la causa de la libertad? Espero que no. Te tendrían que haber metido mucho

---

71   Ross Mittiga, *American Political Science Review*, 2021

miedo en el cuerpo para que no te escandalizaras con la comparación entre la emergencia real de una pandemia devastadora y la «emergencia» climática, un catastrofismo instrumental que postula medidas extraordinarias, y extraordinariamente costosas, aterrorizando literalmente a los niños y atemorizando al resto.

El miedo. Ese ha sido el negocio. Primero, de los ecologistas de raíz alemana, de cuyo padrinazgo ruso empezamos a conocer algunas cosas. Luego, de Al Gore, como sabemos por Hans Rosling y su *Factfulness,* aunque antes de esta confirmación ya habíamos notado que para el reciclado vicepresidente de Bill Clinton el fin justifica los medios. Después, Greta Thunberg, portadora de pánico a los menores del mundo con el apoyo de todo el poder público y empresarial. Por fin, las cajas de resonancia, las incontables series y documentales, la lista interminable de personajes influyentes en sus entrevistas o ceremonias con motivo de algún premio, los actores y cantantes, los novelistas y presentadores de *late night shows.* El *establishment* al completo consagrado al alarmismo.

Sin embargo, el ambientalista Michael Shellenberger, que sabe de esto bastante más que Al Gore, que la temible Greta, que los publicitarios y que todos esos artistas que jamás desperdician una ocasión de demostrar su superioridad moral y su ignorancia, tiene algo que decir al respecto:

En nombre de los ambientalistas de todo el mundo, querría pedir disculpas públicamente por el miedo al clima que hemos creado en los últimos 30 años. El cambio climático está ocurriendo, solo que no es el fin del mundo. Ni siquiera es nuestro mayor problema ambiental.

He sido activista climático durante 20 años y ambientalista durante 30, así que puede parecer extraño que esté diciendo esto.

Pero como experto en energía requerido por el Congreso de los EE. UU. para proporcionar testimonio objetivo y experto, y como invitado por el Panel Intergubernamental sobre Cambio Climático (IPCC) en calidad de Revisor Experto de su próximo Informe de Evaluación, siento la obligación de disculparme por cómo los ambientalistas hemos engañado a la opinión pública.

He aquí algunos hechos que poca gente conoce:

—Los humanos no están causando una «sexta extinción masiva».

—El Amazonas no es «el pulmón del mundo».

—Desde luego, el cambio climático no está empeorando los desastres naturales.

—Los incendios se han reducido un 25 % en el mundo desde 2003.

—La extensión de tierra dedicada a la producción de carne —que representa el mayor uso de tierra de la humanidad— se ha reducido en un área casi tan grande como Alaska.

—Las emisiones de carbono se están reduciendo en la mayoría de naciones ricas y se han reducido en Gran Bretaña, Alemania y Francia desde mediados de los setenta.

—Los Países Bajos se están haciendo más ricos, no más pobres, mientras se adaptan a la vida por debajo del nivel del mar.

—Producimos un 25 % más de alimentos de los que necesitamos y los excedentes alimentarios continuarán creciendo mientras el mundo se calienta.

—La pérdida de hábitat y la matanza de animales salvajes son amenazas potenciales mayores para las especies que el cambio climático.

—El combustible de madera es mucho peor para la gente y para la vida salvaje que los combustibles fósiles.

—La prevención de futuras pandemias requiere más, no menos, agricultura «industrial».

Sé que estos hechos les sonarán a muchos a «negacionismo climático», pero eso solo demuestra el poder del alarmismo climático.

En realidad, los hechos de arriba proceden de estudios científicos perfectamente disponibles, incluyendo algunos dirigidos o aceptados por el IPCC, la Organización para la Alimentación y la Agricultura de las Naciones Unidas (FAO), la Unión Internacional para la Conservación de la Naturaleza (IUCN) y otras organizaciones científicas punteras.[72]

Alarmismo, miedo inducido por el *establishment* mundial, sin miramientos y sin fundamentos fácticos. Esto no va de verdades, sino de buenos sentimientos. Y claro, si no sientes como debes, hay que asustarte. ¿Sabes que la propia ONU ya se refiere a la «ansiedad climática» o ecoansiedad como padecimiento típicamente juvenil? Un estudio de la plataforma Avaaz, en colaboración con investigadores de seis universidades, ha revelado que tres cuartas partes de los jóvenes de entre 16 y 25 años ven su propio futuro aterrador; dos terceras partes creen que sus gobiernos no hacen nada contra la «emergencia climática»; el 40 % dudan sobre tener hijos a causa de su ecoansiedad. Creen realmente que vamos hacia una rápida extinción por el cambio climático. Así se llama uno de sus movimientos globales: *Extinction Rebellion*.

Miedo, sentimentalismo, efusiones, indignación, percepción distorsionada de la realidad. Eso ha sustituido al recto juicio,

---

72   Michael Shellenberger, *An environmentalist's apology: «I was guilty of alarmism»*, The Spectator, 7 de julio de 2020. (Originalmente publicado en *Forbes*)

a la búsqueda de evidencias, al contraste de fuentes y al respeto a los hechos. Quizá sea el momento de rebelarte de verdad un poco. Esas reacciones viscerales ante supuestas catástrofes inminentes (o ante terribles injusticias que tampoco se compadecen con la notable mejora efectiva de las condiciones de vida en el mundo) os afectan a los jóvenes... y a los maduros que no se han esforzado en informarse porque gozan con el calor de la causa. ¿Se puede gozar sufriendo? Está lleno de ejemplos. Cualquier cosa que te arranque del vacío en la era de Instagram llegará a ser bienvenida. ¡Hay que luchar! Luego, la lucha, en general, se reduce a poner tuits o a mostrarse indignado en tu círculo social, que tampoco va muy allá.

Para ahondar en tu necesario desengaño: hay un montón de adultos con conocimientos sobre los temas que te inflaman. Adultos informados pues que, pese a lo que saben, repiten en público las consignas pertinentes. Sin indignación alguna, claro. Lo hacen porque la adscripción verbal es un peaje. Se parece, en peor, a llevar la insignia de un club local para caer bien. Solo que este club es global. La insignia solo dice: estoy con los buenos. Poca cosa, pero suficiente para pagar el peaje. Si el tipo representa a una empresa, a una Administración, a un medio de comunicación o es un personaje público por cualquier razón, sabe que introducir algún matiz decepcionante para la masa sentimentalizada solo le traerá problemas. Por el contrario, sumarse a la corriente le garantiza una conexión gratuita con la mayoría. O eso cree, porque no siempre la mayoría está de acuerdo con lo que más se oye. Los que creen que su opinión desagradará suelen callársela. O bien, sin ningún respeto hacia sí mismos, dicen aquello que creen que la mayoría quiere oír. Es la llamada *espiral del silencio* y está estudiada. Búscala tú mismo.

Casi todas las causas públicas que exigen ardor merecen el mismo respeto, que es ninguno. Podemos tratarlas como seudovalores, como principios de pacotilla. Se exhiben obscenamente, antes de impregnar las políticas públicas (y aun después), en forma de jeremiadas hechas mantras, en gritos o desabridas alocuciones, siguiendo el modelo Greta Thunberg. Por eso, no me tomo la molestia de sistematizarlas. Lo que hay que ordenar aquí es tu tempestuoso interior. Por tal razón, saltaremos a otra tesela, al azar.

La autodeterminación de género suele aliñarse con la coacción al discrepante total o parcial. Pero, junto a sus indeseables métodos, ¿acarrea consecuencias objetivamente indeseables? De entrada, plantea un problema en el deporte. Acaso te suene la polémica en torno a Lia Thomas, nadadora trans que se puso a batir récords, con amplia distancia sobre sus segundas, cuando pasó a competir en la categoría femenina. Como hombre era un atleta que no ganaba campeonatos. Por concretar, en el *ranking* paso de ser el nadador 462 a la nadadora número 1. Desde que compite con mujeres tritura las marcas. Nos encontramos por tanto con deportistas transgénero batiéndose con otros que son, en el lenguaje al uso, cisgénero, esto es, que siguen con el género correspondiente al sexo asignado al nacer. La situación se puede abordar a tu manera, enfadándote ante lo incómodo, o bien desde la tranquila toma en consideración de constataciones científicas. Veamos.

El caso de Thomas no fue puramente declarativo. No dijo sin más que era mujer porque así se sentía, sino que se sometió a una terapia hormonal. Según un informe del *British Journal of Sports Medicine*, las mujeres transgénero que hacen tal cosa mantienen sus ventajas atléticas sobre las otras mujeres incluso después de transcurrido un año. Distintas organizaciones deportivas estadounidenses, canadienses, británicas y españolas se reunieron en Madrid a principios de 2022 para analizar la cuestión y tratar de encontrar soluciones a lo que consideran una injusticia. De nuevo, una injusticia derivada de políticas que pretenden corregir injusticias. ¿Quedará en nada el deporte femenino cuando puedan participar en él personas que nacieron varones, con la ventaja que ello comporta? En algunos países, las estudiantes dotadas para el deporte se quedarán sin becas universitarias si deben enfrentarse a una deportista trans. No es poca cosa. Está, por encima de todo, el derecho a competir desde el juego limpio, con reglas justas. Las preocupaciones derivadas de todo esto han hecho que no solo la comunidad de deportistas, a través de diversas organizaciones, se involucre, sino también una asociación feminista de nombre tan significativo como Alianza Contra el Borrado de la Mujer.

Antes de la polémica de Thomas hubo otras. Tenemos a Fallon Fox, mujer autodeterminada y luchadora. Le rompió el cráneo a su contrincante femenina Tamikka Brents nada más empezar un combate. Siete huesos orbitales a los dos minutos. Lo que proponen las feministas anteriores a la tercera ola —la que tú consideras acertada porque sigues a gente que ignora la naturaleza humana en pos de las construcciones culturales— es que en las pruebas deportivas se compita de acuerdo con el sexo biológico. ¡Menudo desafío a la nueva ortodoxia! Lee lo que Irene Aguiar, especialista en Derecho Deportivo, ha difundido en su trabajo *Deporte femenino y personas transexuales: una aproximación a la situación actual,* así como en las redes. Está basado en estudios científicos y es poco discutible por obvio: los tratamientos que suspenden la testosterona pueden hacer que se pierda masa muscular, pero no hacen que desaparezca «todo lo adquirido, ni cambia la estructura ósea, ni disminuye la altura, ni hace decrecer el corazón o los pulmones». Y también: «Que las mujeres trans retienen ventaja respecto de las mujeres lo han reconocido hasta los propios miembros del COI. Joanna Harper, mujer trans, asesora del COI y partícipe en las directrices trans de 2015, lo ha reconocido en varias ocasiones».

Más chascos. Necesitas mirarte al espejo, y te lo va a poner delante Alexander Grau, filósofo alemán autor de *Hypermoral. La nueva sed de indignació*n (Claudius, 2017), en los términos precisos de una entrevista llena de perlas, algunos de cuyos fragmentos tienen tu rostro. Estás a punto de descubrir que eres un moralista.

En *La gaya ciencia*, Nietzsche afirma que Dios ha muerto y que lo hemos asesinado. Y después pregunta: «¿Cómo nos consolamos? ¿No es demasiado grande para nosotros la dimensión del acto?». Tal vez Nietzsche tenga razón. Tal vez esa acción era demasiado grande para nosotros. La mayoría de las personas tiene necesidad de un significado y una ideología que narre algo más grande: una religión, el arte, la cultura, la nación, los derechos humanos, la naturaleza, cualquier cosa. Bajo el peso del progreso técnico, el cristianismo, pero también las religiones sustitutivas del siglo XIX, a saber: nación, arte, cultura, han sido pulverizadas. Y se aferra a la moralidad como última religión [...] Ya sea que se trate de inmigración, clima, economía o instrucción, cada tema es traducido de inmediato a una jerga de evidente moralidad. Es bueno lo que es social, sostenible, amante de la paz y justo. La sociedad ideal es multicolor, multicultural, eco-social-pacifista. Todo el que contradiga estos ideales es sospechoso o, peor aún, es condenado. [...] En la moralidad, hablando de derechos humanos y dignidad humana, el hombre se adora a sí mismo. Es una autoliturgia, un ritual de autodeificación. Y este culto de sí mismo se inserta en una sociedad en la que la emancipación es el valor más alto. La moralidad es la religión de una sociedad narcisista. La función de los medios de comunicación no reside solo en la información, sino también en el entretenimiento y en todo lo que es injurioso. Los medios de comunicación han alimentado la tendencia a la moralización y a la comparación simplista entre «buenos» y «malos».

Las sociedades occidentales, especialmente las élites, crean la impresión de que sus valores y su modo de vivir son el objetivo real de la historia. La moralidad permite una perspectiva histórica de salvación. Es un progreso moral permanente cuya arma es la sociedad posmoderna, multicolor, abierta e igualitaria, de estilo occidental. Se considera que, antes o después, también las culturas de Asia y África se transformarán en sociedades como esa, por lo que el mundo será una gran Nueva York y habrá «funcionarios de la diversidad»en Kabul y Teherán. Esta convicción raramente se expresa con claridad, pero es la ideología que la guía. Detrás de esto —y este es el malestar del que hablas— hay un universalismo, cuyo éxito depende del triunfo de una sociedad rica y hedonista.

Al inicio del milenio, las sociedades occidentales habían conseguido crear la impresión de que migración e identidad, ecología y economía, tradición y progreso podían reconciliarse. Hace veinte años que vemos que es una ilusión. Los costes ecológicos de continuar con nuestro estilo de vida se han externalizado. Y dado que el sistema económico occidental también depende del concepto de desarrollo técnico continuo, destruye los últimos restos de la cultura y del estilo de vidas tradicionales. El mundo tiene que ser más global, flexible y dinámico. No se tolerará la resistencia. Resistir es «reaccionario». Y así se crea la homogeneidad, el autoritarismo y la intolerancia. Se celebra lo diverso, lo flexible, lo plural. Todo debe ser superexcitante, superinteresante y bueno. Quien no comparte esta afirmación de la diversidad es marginado por intolerante. Surge una paradoja de la diversidad: al ser la diversidad lo que todos desean, el resultado es la monotonía. [...] Vivir moralmente ya no significa practicar la abstinencia, sino ser partidario de los derechos humanos, la paz en el mundo y la diversidad. Es sumamente cómodo, ya que puedes vivir de manera hedonista y moral al mismo tiempo. Un fenómeno único en la historia. [...] Ya no nos preocupamos por el prójimo, pero se tienen unos ideales más grandes respecto a la humanidad. Mandamos a los abuelos a las residencias de ancianos porque son un estorbo para nuestra vida diaria; pero vamos a las manifestaciones en favor de una justicia mundial.

Las tradiciones culturales, las ideas religiosas, la prohibición del aborto y la eutanasia son valores hostiles a la emancipación. No sirven para nada en una sociedad capitalista de autorrealización. El hipermoralismo se refiere siempre a valores generales que no limitan la propia vida privada. [...] La sociedad se transforma en un «espacio seguro» en el que el individuo narcisista es liberado de cualquier microagresión. Una sociedad de control social. Se castigará el anticonformismo. Será una sociedad en la que todos se sienten libres, pero nadie lo es.

[Europa es] una isla de prosperidad en medio de un mar de pobreza, guerra y sobrepoblación. Estamos en un estado de asedio. Sin embargo, las sociedades occidentales no tienen la capacidad mental de resistir a los conflictos que de ello derivan. Estamos indefensos mentalmente. [...] Solo veo dos alternativas desagradables: o Europa emerge de la escena mundial empobrecida y técnicamente atrasada mientras otras regiones determinan cómo será el mundo globalizado del siglo XXII o conseguimos llevar las otras culturas a nuestro nivel de decadencia y exportar nuestra hipermoralidad. Será la profanación del mundo. Tendría una cierta dimensión trágica.[73]

---

73 Entrevista de Giulio Meotti a Alexander Grau, *Il Foglio Quotidiano*, 23 de enero de 2021, traducción de Elena Faccia Serrano para *Religión en Libertad*, 29 de enero de 2021

¿Te has visto reflejado? Deberías. La cosa se ha puesto sería, amigo, pues aunque solo fuera aproximadamente cierto el paisaje de Occidente que dibuja Grau, y más concretamente el de Europa, lo que te pido tiene un coste considerable: caminar por un sendero distinto al que parece inevitable. El problema de leer cosas así es que, una vez lo has hecho, no vas a poder seguir por donde ibas sin un cierto remordimiento. No lo veas como remordimiento de conciencia, sino como prurito personal, como autoestima. Tendrás que preguntarte a cada paso si vale la pena vivir así, como pieza (prescindible) de una maquinaria que se ha estropeado. Teniendo que justificar a cada paso lo injustificable porque la moralidad que sostiene tu indignación es una fantasía hedonista.

Si tu rostro estaba más o menos dibujado en los fragmentos anteriores, ahora te sabes fiel a una religión de la moralidad que proclama una honda preocupación por la humanidad sin preocuparse por el prójimo. Cómoda fe, vive Dios. Perteneces a la comunidad de creyentes más barata que ha existido jamás. Es más que gratis: tiene un premio en este mundo, te permite desentenderte de cuantos te rodean mientras rezumas bondad. En parte, se parece a aquellas doctrinas totalitarias de las que hablamos, solo que esta es infinitamente más agradable para ti. No exige nada y te otorga todo el reconocimiento. Claro que al final nos espera una «sociedad de control social» donde «se castigará el anticonformismo». Todos se sentirán libres y nadie lo será. Puedes narcotizarte y seguir con lo tuyo, con lo de la mayoría, o bien mantenerte sobrio, abrir los ojos, prestar atención... y esperar las represalias. Nadie está obligado a ser un héroe. Mucho menos cuando puedes tenerte por tal sin arriesgar nada. Basta con cambiar tu concepto de heroísmo. Tampoco es que vayas a ir alardeando por ahí, no quieres que se rían de ti. Ni yo. Lo que quiero es que no seas un tipo mediocre.

La mediocridad empieza a invadirte cuando das por buenos e indiscutibles conceptos que solo son fórmulas. Construcciones verbales que no entiendes ni quieres entender porque la sola voluntad de averiguar a qué se refieren exactamente te convierte en sospechoso. No me extraña que seas presa tan fácil del discurso amañado; el circo *woke* es tributario de la deconstrucción. Y en ti, de momento, todo es discurso. Quizá deberías empezar a deconstruirte.

Siempre tuyo,
JCG

Post scriptum.

Si aún no la has descubierto pese a los cabos que te he ido lanzando, nuestras iniciales deberían revelarte la inconcebible verdad. Te vi, me vi, calculo que con cuarenta y tres años menos, girando la esquina de Diagonal con Marimón. Lo primero que me resultó familiar fue la cazadora. Tardé unos segundos y un vuelco del corazón en reconocer, sucesivamente, mi andar, mi melena y, brevemente, mi perfil. Temí que tú me vieras a mí, pero enseguida comprendí que no podrías reconocer al que te falta tanto tiempo para ser.

Si me he equivocado, es poco probable que hayas llegado hasta el final y leas estás líneas. Si me he equivocado, tú no llevas mi nombre, lo impensable no se ha producido y devolverás el grueso sobre sin abrir. Lo dejarás en la portería y, al no haber remitente, algún vecino se deshará de él o se lo llevará el cartero. En tal caso, acabará enterrado en algún almacén. Pero sospecho que no hay error. No sé cómo ha podido suceder, ni jamás tendremos forma de averiguarlo.

Puesto que nuestras circunstancias son diferentes en tus dieciocho años de hoy y en los míos de 1979, dirás que no eres yo. Esa es la cuestión: por ahorrarte desengaños y disgustos te he advertido de lo que *en estos tiempos* te amenaza. Solo tuve que ver mi joven figura unos instantes para saber que tienes mis debilidades.

Esta obra se acabó de imprimir, por encargo de Editorial Sekotia, el 29 de mayo de 2022. Tal día, del año 1874, nacía en Londres el escritor, filósofo y periodista G. K. Chesterton.